Gottfried Koch

Jede Sau frisst aus ihrem Trog

Gottfried Koch

Jede Sau frisst aus ihrem Trog

Erzählungen aus dem Friseursalon

Impressum

Satz und Druck: Buchfabrik Halle · www.buchfabrik-halle.de

Inhalt

Vorwort

Till Eulenspiegel lag an einem warmen Maientag am Ufer eines kleinen Flusses. Er ruhte sich aus. Auf dem Rücken liegend, einen Grashalm im Mund hin und her schiebend, schaute er dem Spiel der Wolken zu und philosophierte, als von der anderen Flussseite ein elegant gekleideter Mann ihm laut und energisch zurief: »Hey, Du da! Wie komme ich auf die andere Seite.« Till Eulenspiegel reckte sich auf, schaute sich um und rief zu dem Herren hinüber: »Du bist es schon.« Till Eulenspiegel hat recht. Wo wir auch sind, wir sind, egal von wem und was, immer »auf der anderen Seite« und damit sind wir auch immer etwas anders.

So wenig ein Stein einem anderen gleicht, so wenig gleicht ein Mensch einem anderen. Alle sind wir verschieden. In unserem Äußeren genauso wie in unserem Inneren. Jedes Leben ist einzigartig, auch wenn sich Meinungen und Ansichten überlappen oder der eine einem anderen wie aus dem Gesicht geschnitten zu gleichen scheint. In dieser Einzigartigkeit des Lebens oder – anders betrachtet – in dieser Verschiedenartigkeit des Lebens liegt eine unerschöpfliche Quelle an Energie, die unser Dasein antreibt. Im Guten wie im Bösen. Mit anderen Menschen und deren anderen Meinungen können wir uns solidarisieren oder sie ablehnen und bekämpfen. Die Trennungs- oder Vereinigungslinien sind fließend. Sie wechseln dauernd und sie lassen sich weder vorhersagen noch dauerhaft begründen.

An einigen Orten unseres Lebens lassen sich die Verschiedenartigkeiten unserer Zeitgenossen besonders gut erkennen. Einer davon ist der Friseursalon. Deswegen soll hier aus ihm berichtet werden. Es soll aus einer Zeit berichtet werden, wo es scheinbar noch mehr Charakterköpfe gegeben hat als heute, wo die Freiräume für den Einzelnen und seine Meinung noch größer waren als jetzt, wo die Zahnräder der Gesellschaft noch grober konstruiert waren als derzeit und wo deswegen nicht schon kleinste Sandkörner die Maschinerie zum Stillstand bringen konnten. Die Normierung des Einzelnen in Bürger-, Wähler- und Verbrauchertypen hatte noch nicht begonnen und der Hobel wurde noch nicht an jene angesetzt, die diesen Typisierungen nicht entsprachen.

Keine der folgenden Geschichten hat sich so wie hier beschrieben zugetragen. Auch die Figuren sind nicht authentisch. Gleichwohl orientiert sich die Beschreibung der Geschichten und der handelnden Personen an realen Ereignissen und Vorbildern. Einzelne Steine einer realen Welt wurden zu einer mal mehr, mal minder fiktiven Geschichte zusammengefügt.

Eine kleine Soziologie des Friseursalons

Ein Friseur geht seiner Tätigkeit in einem Salon nach, auch wenn es heute dafür verschiedene andere Namen wie Werkstatt oder Studio gibt. Früher wurden die Namen der einzelnen Salons durch den Familiennamen des Meisters gekennzeichnet. In unserem Fall hier: Friseursalon Baumann. Seit drei Generationen der gleiche Familienname, das fast gleiche Handwerk, die exakt gleiche Qualität. Der Name des jeweiligen Maestros signalisierte die Güte der Behandlung und natürlich auch die Preisklasse. »Wo gehst eigentlich Du zum Friseur?« »Zum Baumann«. Damit wusste der Eingeweihte schon genau, wen er vor sich hatte. Mit der Preisgabe seines Friseurs offenbarte er seine Gesinnung, seinen gesellschaftlichen Stand, sein Verständnis von Mode und nicht zu guter Letzt seine finanzielle Potenz. In neuster Zeit versuchen die Salons sich durch eine möglichst kreative Namensgebung aus dem Meer der vermeintlichen Haarkünstler hervorzuheben: Haarspalterei, Haargenau, Haarklein, Haarwerkstatt oder was auch immer. Ein Merkmal für die Qualität dessen, was da geboten wird, ist das natürlich im Vergleich zur Namensgebung durch einen dynastischen Familiennamen nicht mehr. Aber egal, was da nun außen vor dem Eingang in bunten Lettern oder in Seriosität und hohe Preise vermittelnden auf emaillierten oder echt kupfernen Schildern zu lesen ist, drinnen, im Zentrum des Geschehens hat sich nichts Wesentliches verändert. Drinnen ist und bleibt es ein Salon – so wie eh und je.

Mit dem Begriff des Salons reiht sich das Friseurhandwerk nicht ohne Grund und Berechtigung in die lange Tradition der bekannten Salonkultur der Gründerzeit ein. Die Salons der Gründerzeit waren kleine private Zirkel, in denen über die neuesten Strömungen der Literatur, der Musik, der Mode und der Politik diskutiert und gestritten wurde. Im Kern ging es dort um den freien Austausch von Ideen und Meinungen. Es gab kaum ein Thema, welches dort nicht zur Sprache kam.

Diese Salons waren die geeigneten Nährböden, auf denen neue gesellschaftliche Strömungen entstanden. Voltaire und Diderot bereiteten dort der Französischen Revolution den Weg; neue, gewagte Tanzschritte wurden hier zuerst in einem geschlossenen Raum und in mehr oder minder intimer Atmosphäre vorgeführt und geübt, bevor sie sich über das ganze Land haben ausbreiten können. Damals ahnte niemand, woher die Ideen und Eigenarten kamen, wo ihre Quellen und Ursprünge waren. Heute wissen wir: Vieles entstammte den Salons.

Salons gab es in großer Zahl und in ganz Europa, besonders in den großen Städten. Tatsächliche und vermeintlich gebildete Damen oder einzelne Mäzene sammelten interessante Persönlichkeiten um sich und versuchten so den Glanz ihrer Gäste auch auf sich strahlen zu lassen. Das Renommee und damit die Bedeutung eines Salons ergaben sich aus den Gästen, welche dort verkehrten. Nicht anders ist es in einem Friseursalon. Es mag weit hergeholt erscheinen und gewagt klingen, wenn man die Salons der Künstler, Literaten, Musiker und Intellektuellen mit den Friseursalons unserer Zeit in eine Linie, in eine gewisse zeitliche Abfolge und, wenn man so will, in eine Gattungsverwandtschaft stellt. So verwegen dies alles auch sein mag, so angebracht ist es. Denn während über die großen und kleinen, bekannten und unbekannten Salons in der Wendezeit des neunzehnten Jahrhunderts die Zerrstörungswut der beiden Weltkriege hinwegzog und mit den Städten die repräsentativen Villen des Großbürgertums in Schutt und Asche gelegt wurden, verschwand die Kultur der Salons. Geblieben ist das Bedürfnis der Menschen, sich auszutauschen, zu kommunizieren über die kleinen, aber ungemein wichtigen persönlichen Probleme und Anliegen genauso wie über Gott und die Welt. Geblieben sind auch die kleinen, scheinbar unbedeutenden Orte, wo dies auch ohne einen großen Rahmen möglich ist. Die Kneipe an der Ecke, das Café oder eben der Friseursalon. Von allen ist er der unverfänglichste, der unscheinbarste Ort, um große Themen zu besprechen, an neuen Lebensformen zu feilen oder politische Ideen in die richtige Richtung zu biegen.

Von allen Kommunikationsstätten scheint von einem Friseursalon eine besondere Aura auszugehen, denn kaum lässt sich so entspannt plaudern wie dort. Vielleicht liegt es ja daran, dass, wie noch zu sehen ist, man einem Friseur sowieso nichts vormachen kann, da er ohnehin weiß, was Fassade und was der harte Kern einer Persönlichkeit ist. Vielleicht liegt es aber auch daran, dass, während der Friseur am Haarschopf arbeitet und hinter dem Kunden steht, immer über die Spiegel ein indirekter Augenkontakt möglich und immer das gesamte Umfeld für alle Anwesenden einsichtig ist. Zumindest optisch herrscht eine Sicherheit vermittelnde Transparenz. In so einem Friseurgeschäft treffen sich die unterschiedlichsten Personen und diskutieren über sich sowie über die großen und kleinen Geschehnisse ihrer Zeit.

Dem geübten Auge des Friseurs fällt es leicht, seine »Pappenheimer« in seinem Salon zu erkennen, denn die Frisur bietet wie kaum ein anderer Aspekt des Lebens einen unvergleichbar breiten, tiefen und klaren Einblick in den seelischen und körperlichen Zustand ihres Trägers, und zwar auch dann, wenn diese Frisur eigentlich aus gar keiner Frisur im herkömmlichen Sinn, sondern einer blank polierten Glatze, also ohne jegliches Haar auf der Kopfhaut besteht. Der Haarwuchs und seine Gestaltung, also die Frisur, bieten einem Fachmann die Gelegenheit, mehr über dessen Träger zu erkennen, als dieser selbst von sich erahnen würde. So lässt sich schon quasi auf den ersten Blick ohne ein allzu geübtes Auge die Zugehörigkeit zu einer sozialen Gruppe über die Frisur erkennen. Eine Glatze in Kombination mit einer dicken Bomberjacke gibt heute einen unzweifelhaften Einblick in die politische Gesinnung seines Trägers. Ein bunter Irokesenschnitt mit hoch aufstehenden Haaren verrät, dass hier einer glaubt, als Nonkonformist des Weges daherzukommen.

Auch bei einer Reihe von anderen individuellen Persönlichkeitsmerkmalen fällt deren Interpretation leicht. Derjenige, welcher eine Glatze durch einen Scheitel knapp oberhalb eines Ohres durch einen nach rechts oder links geföhnten Haarteppich zu kaschieren trachtet, wird ebenso wenig vor Selbstbewusstsein strotzen wie der- oder diejenige, welche ihre Augen hinter einem tiefgezogenen Haarvorhang namens Pony zu verbergen versucht. Auf der anderen Seite müssen mutige Farben und hochaufreckende Steckfrisuren noch lange nicht den Leuchtturm im Meer der Duckmäuser bedeuten.

Etwas schwieriger wird es bei der Auslegung eines Haarausfalls, seiner individuellen Ursachen und dessen Auswirkungen auf das Befinden und Verhalten des oder der Betroffenen. Zunächst einmal. Gegen Haarausfall helfen keine Haarwasser, Pillen oder Tinkturen, auch wenn jeder Friseur im Brustton des Überzeugten das Gegenteil behauptet. Alles andere würde seinen Kunden betrüben sowie allen beiden schaden. Wer will das schon? Haarausfall ist eine hormonelle Angelegenheit und betrifft in aller Regel nur die Männer. Im Grunde ist es eine Frage der Vererbung. Leidet ausnahmsweise auch einmal eine Frau unter schütterem Haar, so ist es für die Betroffene eine Katastrophe, für den Friseur jedoch ein Segen, denn Haarteile, welche wieder ein volles Volumen versprechen, sind teuer und bedürfen einer permanenten Pflege. Ganz abgesehen davon, dass sie erneuert werden müssen. Bei den Männern folgt der Haarausfall, beginnend mit den sogenannten Geheimratsecken, dem siebenstufigen Hamiltion-Norwood-Schema, welches damit endet, dass vom ursprünglichen Haarwuchs nur mehr ein schmales Band verbleibt, welches sich von den Ohren um den Hinterkopf herum zieht. Auch wenn man heute weiß, dass die früheren Vermutungen, wonach die Glatzenbildung eines Mannes die direkte Folge eines ausschweifenden Sexuallebens sein soll, nicht stimmen und die Glatzen von Yules Brunner oder Telly Savallas hier nur falsche Tatsachen vorgespielt haben, so ist außer Zweifel, dass jede Stufe dieses Modells für einen unterschiedlichen Spiegel des männlichen Sexualhormons Testosteron verantwortlich ist. Der Friseur sieht also die ausgeprägten Geheimratsecken vor sich, denkt sich seinen Teil und schweigt.

Frisuren sind Kunstwerke. Vidal Sassoon, einer der legendären Frisur-Künstler, folgte daher nicht von ungefähr dem Bauhaus-Prinzip: »Form folgt Funktion«. Sein Erweckungserlebnis soll Sassoon gehabt haben, als er in New Yorks Park Avenue vor dem Seagram Building von Mies van der Rohe stand. Fortan entwickelte er ganz im Bauhausstil Schnitte von erhabener Einfachheit, den sog. Sassoon-Bob. Nachdem über Jahre hoch aufgebauschte toupierte Dauerwellen mit gezirkelten Wellen und Formen en vogue waren, zeigte er einen neuen Stil mit einfachen Schnittmustern, sauberen Nackenlinien und kerzengeraden Ponys. Nancy Kwan in »The World of Suzie Wong« und Mia Farrow in Polanskis Film »Rosemaries Baby« machten diese neue Modeform einem nach Millionen zählenden Publikum bekannt und trugen so dazu bei, dass von einem auf den anderen Tag neue Frauen den Friseursalon verließen. Diese Frauen waren auch in ihrem Verhalten verändert, denn der neue Trend kam nicht von ungefähr. Diese neuen Frisuren waren das auf dem Kopf getragene Zeugnis einer sich emanzipierenden Weiblichkeit. Mary Quant kürzte die Röcke bis weit über das Knie und mit Jane Shrimpton und Twiggy wurde der BH in die Schränke verbannt. Wie die Kunst folgt die Frisur nicht nur der Funktion, sondern auch dem Zeitgeist, wobei man vermutlich besser sagen muss, dass die Frisur durch ihre erhobenen Hauptes offen zur Schau getragene Einstellung einen neuen Zeitgeist erst richtig befeuert.

Die Männer folgten mit der Beatles-Frisur einem dem Sassoon-Bob nicht unähnlichen Schnittmuster. Während die Frauen jedoch die langen Haare fallen ließen und mit der Kürze ihrer Haare ihre Befreiung von alten Denkmustern dokumentierten, war es bei den Männern die zunehmende Haarlänge, welche die Abwendung von dem militärischen Ordentlichkeitsgebot der Nachkriegsjahre einläutete. Für die Friseure bedeutete dieser neue Männerschnitt eine große Herausforderung. Nicht dass die Herren weniger zum Friseur gingen als bisher und damit das Geschäft zum Erliegen gekommen wäre, was man eigentlich auf Grund der länger werdenden Haarpracht annehmen dürfte. Nein, die Herren kamen wie gewohnt zum Friseur. Nur, der Schnitt musste so sein, dass man ihm nicht ansah, dass man beim Friseur war. Also Haareschneiden, ohne dass es die Freunde und Kollegen merken sollte. Auf den liebgewonnenen Besuch beim Friseur wollte niemand verzichten. Das Haareschneiden folgte dem Muster von wahren Spiegelkämpfen, in denen der Meister heftig mit der Schere klapperte, ohne die Haare zu berühren. Dadurch erhielt die Kommunikation größeren Raum, ja sie wurde zum eigentlichen Zweck des Besuchs beim Friseur.

Dem Auge eines Meisters entgeht die Qualität eines Schnittes, auch wenn es eigentlich ein Nicht-Schnitt ist, auf keinen Fall. War hier ein Anfänger, Stümper oder Meister am Werk? Da alles seinen Preis hat, bleibt auch nicht verborgen, über welche Mitteln der Kunde verfügen dürfte oder was er für ein vorteilhaftes Erscheinungsbild zu investieren bereit ist. Stellt man dann noch die Kleidung in Verbindung mit einer Frisur und dem jeweiligen Auftreten, dann lässt sich eine ziemlich zielsichere Zuordnung zu einer bestimmten Persönlichkeitskategorie, Einkommensklasse oder sonstigen sozialen Gruppierung treffen. Einige Arten der Frisur lassen auch Rückschlüsse darauf zu, aus welchem Ort oder Stadtteil der jeweilige Träger kommt. Die typischen Stilrichtungen für jeden Berliner Kiez sind legendär.

Um also herauszufinden, was die jeweilige Frisur über ihre Trägerin oder ihren Träger aussagt, bedarf es der langjährigen Erfahrung und des geschulten Auges des Friseurs und der Friseuse. Wenn sie über diese einschlägigen Einsichten und Kenntnisse verfügen, dann ist ihnen gegenüber der Stammkunde so nackt und ungeschminkt wie die kleinen Putten am Firmament einer Barockkirche, dann öffnen ihnen die Kunden Tür und Tor ihrer Seele und ihrer Körper, ein unverschlüsseltes

Buch des Lebens liegt offen und lädt zum Verweilen und Schmökern ein. Nur ein Friseur kann somit erkennen, ob das Letzte an greifbarer Materie, was den Menschen von Gott trennt und was dieser, der erhaben von seinem himmlischen Thron kerzengrade auf sein armes, sich mühendes Geschöpf herabblickt, zu sehen bekommt, passend zusammengefügt ist, was zusammengehört oder aber ob das alles nicht besser wieder auseinandergenommen, neu gestaltet oder völlig abrasiert werden sollte. Aus diesem Grunde haben sich ja die Mönche des Mittelalters, um hier ja keinen Fehler zu machen, für eine Tonsur entschieden.

Das Friseurgeschäft, von dem im Folgenden die Rede sein soll, befindet sich in einer kleinen Gemeinde im Rhein-Main-Gebiet in der Nähe von Frankfurt. Man schreibt das Jahr1953. Der Krieg ist vorbei, aber noch lange nicht vergessen und schon gar nicht verarbeitet. Während die Ewig-Gestrigen sich noch immer verwundert die Augen reiben und immer noch nicht verstehen können, wie die Verheißungen eines tausendjährigen Glücks, an das sie fest geglaubt haben, nach nur wenigen Jahren über ihnen zusammenbrechen konnten, sind die anderen damit beschäftigt, das Gewesene zu verdrängen, um sich mit den materiellen Vorzügen eines Wirtschaftswunders zu arrangieren, um ausgiebig daran teilzuhaben. Dieser Coiffeur-Salon ist der einzige am Ort, so dass alle Einwohner, fast alle Einwohner jedenfalls, sich hier die Haare waschen, schneiden, föhnen, kämmen oder auch ondulieren lassen.

Die Bedürfnisse, welche also bei einem Friseur in seinem Laden befriedigt werden, lassen sich, wie schon kurz angedeutet wurde, bei weitem nicht allein auf die Pflege der Haare reduzieren. Ganz im Gegenteil. Man hat es hier mit einem den ganzen Menschen erfassenden umfassenden Ansatz zu tun, also einem ganzheitlichen Ansatz, wie man heute sagt. Wer was wirklich will, lässt sich nicht auf den ersten Blick sagen. Der Coiffeur beobachtet seine Kunden, wenn er sie nicht sowieso schon jahrelang aus einer gemeinsamen Kindheit und

Jungendzeit her kennt, daher ganz genau, um so ihre wahren Bedürfnisse unter verborgenen Schichten freizulegen. Damit verfolgt er das Ziel einer individuell angepassten Bedürfnisbefriedigung. So eine Beziehung zwischen dem Friseur und seinen Kunden ist deshalb nicht selten von ihrer Struktur her einerseits symbiotisch, also von einer intensiven gegenseitigen Abhängigkeit, sowie andererseits von einer außerordentlichen Langfristigkeit geprägt. Eine lebenslange Verbindung sozusagen und bis dass der Tod auch sie scheidet, wenn man es etwas theatralisch ausdrücken will.

Legt man ein grobes Raster an, so kann man sagen, dass sich die Bedürfnisse der Kunden je nach Geschlecht, Charakter, Ambitionen und Aussehen unterscheiden. Die einen wollen rasch und schnell die Haare in Ordnung gebracht bekommen, ordentlich und günstig, während die anderen dem Wunsch nachhängen, mit einer neuen Frisur sich selbst und unter Umständen ihre verfahrene eheliche Beziehung oder berufliche Stellung neu beleben zu können. Wieder andere glauben, mit der Frisur ihren Charakter ändern zu können. Jedes Haarmittel, jede Farbgebung und jeder Preis wäre ihnen recht, könnte man das Unmögliche möglich machen. Der erfahrene Friseur weiß, was geht und was nicht geht, wobei leider meist das, was nicht geht, überwiegt. Alle Alarmlampen blinken in ihm, wenn der Typ biedere Hausfrau unvermittelt und ohne erkennbaren Grund eine einfach gewellte Werktagsfrisur, mit der sie jahrelang zufrieden war, gegen »so eine« austauschen will und dabei mit dem Zeigefinger der rechten Hand unmissverständlich auf das Bild von Gina Lollobrigida zeigt, welches diese in dem Film die »Die schönste Frau der Welt« zeigt und das Cover einer der Illustrierten ziert, die da üblicherweise bei einem Friseur ausliegen. Genauso wenig wie die Frau mit einer Gina-Lollobrigida-Frisur zur schönsten Frau der Welt, sondern zum Gespött des ganzen Ortes werden würde, wird der spätpubertierende Buchhaltertyp zum Draufgänger, nur weil er sich eine »Frisur wie der James Dean« bestellt, was von der handwerklichen Seite des Friseurberufs noch einigermaßen einfach zu bewerkstelligen wäre. Hier sind viel Fingerspitzengefühl und Takt gefragt, um die gute Frau oder den armen Mann schonend auf einen anderen Weg ihrer Wünsche umzuleiten und dennoch zu gewährleisten, dass beide sich wie Gina Lollobrigida oder James Dean oder so ähnlich jedenfalls fühlend das Geschäft verlassen.

Einer ganzen Reihe von Kunden eines Friseursalons geht es in erster Linie gar nicht um die Haare. Auch natürlich, deswegen kommen sie ja zum Friseur. Aber ihnen geht es nicht darum, wie das Haar neu fallen oder anders gefärbt werden soll. Ihnen geht es um die Kommunikation. Hier gibt es zwei unterschiedliche Typen. Die einen wollen nur hören. Diese Personen geben möglichst wenig von sich selbst preis, wollen aber viel von anderen mitnehmen, um es zu Hause breit auszurollen und diskutieren zu können und um sich selbst damit wichtig zu machen. Den anderen geht es um das Forum. Hier im Friseursalon können auch diejenigen, die sonst nichts zu sagen haben, sich präsentieren und aufplustern.

Bei den Frauen geht es mehr um andere Frauen, die eigenen Kinder, fremde Männer oder um das Leben der Stars, wie Bruce Low, Vico Torriani oder Caterina Valente. Was zieht die Valente an und was ist der Torriani ein toller Hecht, wobei meist unausgesprochen bleibt, »und warum hat meiner so gar nichts von ihm?«. Bei den Männern geht es beim Friseur um den Sport, den Verein, die Kirche und den Pfarrer, das Wetter oder um denjenigen, der gerade gegangen ist. Ihn selbst, seine Frau, eines seiner Kinder, seine Schwägerin oder seinen Schwager.

Die Frauen bevorzugen meist das ruhige vertraute Gespräch. Während des Wartens sprechen sie mit ihren Nachbarinnen zur Rechten und zur Linken. In diesem Salon warten die Frauen auf einer großen langen, gut gepolsterten Bank, welche in einer Nische entlang einer Wand aufgestellt ist. Das Holz ist in natura, hellbraun belassen, das Polster ist aus rotem Plastik, gesteppt in zwanzig Zentimeter große Quadrate. Immer im Sommer zeichnen sich darauf die schwitzenden Umrisse der etwas länger wartenden Damen ab. Das lässt sich bei diesem Material gar nicht vermeiden. Damals störte es aber noch niemanden, ja man bemerkte es gar nicht. Man war auch zu tief in der Kommunikation versunken. Mit der mitwartenden Nachbarin zur Rechten und zur Linken wird nur Oberflächliches gesprochen. Wer will schon, dass das eine oder andere Gesagte unverzüglich in überhöhter Form die Runde durch das ganze Dorf macht. Manche unbedachte Äußerung hier auf dieser Bank hat schon Familienzwiste ungeahnten Ausmaßes heraufbeschworen. Geplante Verlobungen wurden abgesagt und schon erfolgreich eingefädelte Verkaufsverhandlungen wieder rückgängig gemacht. Nein, hier ist man vorsichtig, zuhörend und, wenn man doch etwas sagen muss, dann nichtssagend wie »Aha, jaja, ach so, na das hätte ich aber nicht geglaubt.« Wobei auch solche nichtssagenden Floskeln im konkreten Zusammenhang und so, wie sie gesagt wurden, in welcher Körperhaltung und Tonlage von der gegenüber respektive daneben Sitzenden alles andere als nichtssagend interpretiert und weitergegeben werden können.

Die Themen, die Art und Weise der Gesprächsführung sowie die Tiefe und Vertraulichkeit der Betrachtung ändern sich völlig, wenn die jeweilige Kundin erst einmal auf ihrem Stuhl vor dem Waschbecken sitzt und über den Spiegel einen intensiven Augenkontakt mit ihrer Friseuse hat. Die Kundin und die Friseuse haben meist auch eine langjährige vertrauensvolle Beziehung aufgebaut, eigentlich sind sie Freundinnen. Sie verbindet ein tieferes Vertrauensverhältnis, als es die Kundin je mit ihrem Beichtvater haben könnte. Denn welche Frau würde dem auch schon alles, wirklich alles, erzählen? Damals hatte noch jeder und jede einen Beichtvater. Heute ist das natürlich anders. Bei ihrer Friseuse-Freundin fühlt sich die Kundin verstanden, ihr kann sie vertrauen. Deswegen tut jede Friseurin gut daran, ihrer Kundin am Ende der Behandlung die Generalabsolution zu erteilen, indem sie ihr davon vorschwärmt, wie »toll Sie heute wieder aussehen, wirklich toll.« Aus ihrem

Munde wird es geglaubt, jeder, der etwas anderes sagt, hat nicht wirklich eine Ahnung. Es versteht sich von selbst, dass es ein Drama ist, wenn eine Friseuse ihre Kundin nicht bedienen kann, sei es, dass auch sie einmal in Urlaub geht oder einfach plötzlich und ohne Vorankündigung krank werden kann. Dadurch kann ein stabil-fragiles Gleichgewicht einer Lebensbeziehung ins Wanken geraten. Kurzfristig bei der Kundin, die nun im Salon vor einer völlig neuen Lebenswendung steht, mittelfristig bei der Friseuse, der durch so etwas eine Partnerin abhanden gekommen ist, weil diese auf einmal feststellt, dass eine andere Beichtfriseuse verständnisvoller, angenehmer oder einfach nur einmal eine willkommene Abwechslung ist. Die Atmosphäre im Salon kann dadurch erheblich gestört werden.

Die Behandlung eines Damenkopfes dauert im Minimum eine, im Normalfall, also Waschen, Schneiden, Dauerwelle, Trocknen und Frisieren, etwa drei Stunden. Kommt noch eine komplizierte Färbung dazu, sagen wir einmal von Naturschwarz in Wasserstoffblond, dann kommt nochmals eine Stunde hinzu. Es dauert also lange, und so eine lange Behandlung hat ihren Preis. Auf dem Land natürlich weniger als in der Stadt. Auch auf dem Land ist es unterschiedlich. Hier sind wir in einem preiswerten Salon. Die Anzahl der Kundinnen und Kunden machte es. Man kann es drehen und wenden, wie man will, bezieht man den die Seele reinigenden Effekt der Gespräche während der Haarbehandlung mit ein und bedenkt man, was nur eine einzige Stunde beim Psychotherapeuten kosten würde, dann ist so ein Friseurtermin billig, geradezu geschenkt. Ganz abgesehen davon, dass so ein Therapeut seine Patientin in den wenigsten Fällen wirklich versteht, die Friseuse und ihre Kundin aber immer auf einer Wellenlänge sind.

Die Männer handeln ihre Themen lieber gemeinsam und lautstark und mit offenem Visier quasi in Form eines Turniers ab. Die Voten scheinen meist spontan zu sein, weswegen sie aber alles andere als unüberlegt sind. Nicht selten ist die Wahl des einen oder anderen Wortes lange überlegt und einer ausgeklügelten Strategie folgend. Auf der anderen Seite weiß man, aus wessen Munde was zu kommen hat. Man kennt sich hier seit Jahren oder, besser gesagt, seit Generationen. Man diskutiert mit Leidenschaft, als ginge es darum, den Lauf der Welt zu ändern, die Richtung der Gravitation zu drehen, oder darum, den anderen von seiner Meinung zu überzeugen. Aber nichts von alledem tritt ein. Das Sein bestimmt das Bewusstsein oder man ist derjenige, der man ist, unverrückbar und ohne Aussicht auf eine Änderung. So könnte man das alles als eine reine Spiegelfechterei im wahrsten Sinne des Wortes bezeichnen, denn jeder schaut sich beim Kommunizieren selbst und allen anderen in den gegenüber an der Wand montierten großen Spiegeln zu. Doch das ist es nicht. Die hier im Salon besprochenen Themen bewegen die Menschen tief in ihren Herzen. Hinter scheinbar banalen Fragen und Einwänden können sich Hoffnungen, Wünsche, Sehnsüchte oder Ängsten von existenzieller Bedeutung verstecken. Und eine Antwort kann in dramatischer Weise schaden oder einen Zuspruch bedeuten, der ganze Berge versetzen kann.

Natürlich wären die Einzelgespräche zwischen der Kundin und ihrer Friseuse von besonderem Interesse, denn sie sind persönlich, tiefgründig, voll von Emotionen und sie betreffen Themen, welche die Menschheit und ihr Schicksal seit der Vertreibung von Adam und Eva aus dem Paradies bewegen. Nun liegt es aber in der Natur der Sache, dass sich die Quasi-Ohrenbeichte zwischen einer Kundin und ihrer Friseuse einem Dritten entzieht. Außer »Pah, ach komm, das ist ja kaum zu glauben« oder »Nein, das kann sie doch nicht ernst meinen.« Oder »Na, so ein Biest, so hätte ich die aber nicht eingeschätzt« ist nichts der breiteren Öffentlichkeit des Damensalons zugänglich. Natürlich findet auch das eine oder andere Beichtgeheimnis unter dem Siegel der absoluten Verschwiegenheit seinen Weg über den Vertrauensradius des Behandlungsplatzes hinaus in eine ungeschützte Welt. Völlig vertraulich versteht sich, und die jeweilige Neuigkeit wird immer nur mit der Mahnung weitergegeben, dass die beglückte Freundin der jeweiligen Friseuse oder die Freundin der Freundin der Friseuse wiederum alles unter dem Siegel der Verschwiegenheit bewahrt und »Gell, Du sagst es niemandem weiter«. Aber egal und wie auch immer. Die Gespräche zwischen der Friseuse und ihrer Kundin entziehen sich entweder einer breiteren Öffentlichkeit oder sie sind hier nicht zitierbar. Deswegen kann hier auf das, was im Damensalon gesprochen wird, nicht zurückgegriffen werden. Stattdessen muss sich auf die Kommunikation zwischen den Männern im Herrensalon beschränkt werden. Doch dies ist keine wirkliche Beschränkung. Ganz im Gegenteil. Der Herrensalon ist eine unerschöpfliche Quelle von interessanten Themen und Meinungen, vorgetragen von Menschen und Charakteren, wie sie kein noch so begnadeter Autor und sein Regisseur auf eine Bühne würden zaubern können. Und da die Männer, welche direkt am Eingang ihre Plätze haben, dort, wo alle Frauen zum Damensalon durchgehen müssen, auch über die Frauen sprechen, wird auch der weibliche Aspekt der Kommunikation, aus männlicher Sicht versteht sich, miteinbezogen.

Egal, ob jemand wartet oder gerade ›dran‹ ist, eine neue Frisur zu erhalten, er schaut sich in einem der großen Spiegel an. Wer könnte sich selbst länger als eine Minute in die Augen sehen, ohne sich zu fragen »Wer schaut mich da an?« Der gute Friseur erkennt diese Situation der in sich gekehrten Selbstreflektion. Er schweigt und gibt seinem Kunden die Gelegenheit des »Nosce te ipsum«, des »Erkenne Dich selbst«. Denn nirgendwo als im Friseursalon gibt es eine bessere Gelegenheit, um sich trotz seiner dicken Haut, trotz seiner festen Schale, trotz seiner nach außen zur Schau getragenen Selbstsicherheit oder seiner demonstrativ dargestellten Unverletzbarkeit, selbst zu erkennen und in seinem wahren Kern erkannt zu werden.

Die Baumanns

Der Salon, um den es hier geht, gehört der Familie Baumann. Alle männlichen Erstgeborenen der Familie Baumann haben den gleichen Vornamen: Albert. Der vorliegende Stammbaum weist vier Albert Baumann auf. Drei sind am Leben. Der älteste Baumann, man nennt ihn den uralten Baumann, wenn man von ihm spricht, ist schon lange tot. Über ihn liegen nur wenige bruchstückartige, schemenhafte Informationen vor. Der uralte Albert Baumann wurde um 1860 geboren. Er nannte sich Bader und war damit weniger für die Haarpflege zuständig, sondern als Arzt des kleinen Mannes verantwortlich für dessen Wohlergehen. Er hatte noch kein Geschäft, sondern machte Hausbesuche. Seine Kundschaft waren ausschließlich die Männer. Ihnen half er bei der Körperpflege. Dabei ließ er sie auch zu Ader und verabreichte Klistiere, was zur damaligen Zeit in Mode kam. Man sprach beidem in etwa die gleichen universellen Eigenschaften zu wie heute dem Aspirin, und vermutlich hat auch damals mehr der Glaube als die Ingredienzien und Instrumente gesund gemacht. Im Verlauf seiner Tätigkeit wandte sich der uralte Baumann auch den Zähnen zu, indem er den Zahn, der vermeindlich die Schmerzen verursachte, herausriss. Seine Behandlungsmethode würde man heute als »Versuch und Irrtum« oder als ein heuristisches Verfahren bezeichnen. Letztlich behandelte er auf gut Glück. Manchmal musste man das Glück halt eben zwingen und dafür mehrere Anläufe unternehmen. Diese medizinischen Wohltaten bot er auch den Frauen des Dorfes an. In ihrer Not blieb denen früher oder später nichts anderes übrig, als davon Gebrauch zu machen.

Vom uralten Baumann gibt es nur ein einziges verschwommenes altes Foto, das ihn zeigen soll, aber so genau weiß man das nicht wirklich. Man sieht einen hageren, groß gewachsenen Mann mit grauem vollem Haar und einem dichten großen Schnautz. Er trägt einen schwarzen Frack. Auf dem Kopf hat er einen hohen Zylinder, was ihm auf den ersten Blick große

Würde verleiht. Man sieht ihn während einer Prozession. Mit drei anderen Honoratioren trägt er über dem Priester, der die Monstranz mit dem Allerheiligsten hoch hält, den Himmel. Der Himmel ist, vereinfacht ausgedrückt, ein an vier Stangen befestigter Teppich, der über dem Priester, der Monstranz und dem Allerheiligsten, der großen Hostie, dem Leib Jesu Christi getragen wird. Natürlich hat der an Stangen getragene Teppich nichts mit einem Schutz gegen die Unbill des Wetters, gegen Regen oder zu starke Sonneneinstrahlung zu tun, das auch, aber in erster Linie verleiht dieser doppelte Himmel, wenn man so will, dem Priester und dem Herren Jesu während der Prozession eine ganz besondere Würde.

Bei dieser auf dem Foto aufgenommenen Prozession soll der uralte Baumann, so sagt es jedenfalls die Legende, so betrunken gewesen sein, dass er, kurz nachdem das Foto geschossen wurde und als die Kapelle nach Leibeskräften »Großer Gott, wir loben Dich« intonierte und die Gemeinde in voller Lautstärke mitsang, stolperte, hinfiel, die drei anderen Säulen des Himmels, die sich zu starr und zu wenig flexibel an den Stangen festhielten, mit zu Boden riss, so dass der Herr Pfarrer mitsamt der Monstranz und dem Herrn Jesus im Allerheiligsten unter dem Himmel aus Teppich begraben wurde. Angeblich habe dabei derjenige aus der Kapelle, welcher die Becken spielte, ohne dass es zum Lied gehörte, kräftig die beiden Instrumententeile zusammengehauen, so dass die gesamte Prozession auf den unglückseligen Unfall unmittelbar aufmerksam wurde. Die einen sagen, der uralte Baumann habe immer gerne getrunken, so dass diese Katastrophe kein eigentliches Missgeschick war, sondern früher oder später so habe kommen müssen, während die anderen wissen wollen, dass er heftige Zahnschmerzen hatte, dem Bader aus dem Nachbarort misstraute und er deshalb selbst mit einer desinfizierenden Alkoholkur versuchen wollte sich zu heilen. Der uralte Baumann soll alle Vorwürfe bezüglich eines übermäßigen Alkoholgenusses von sich gewiesen haben. Einmal beteuerte er, dass er zu eifrig gesungen habe und daher an Aufmerksamkeit verlor, ein anderes Mal gab er dem Photographen die Schuld, der in einem ungünstigen Moment ein gleißendes Feuerwerk verursacht hätte, das ihn blendete. Da die sofort zu Hilfe Eilenden aber Stein und Bein schworen, dass sie noch von der Fahne des uralten Baumann leicht benommen gewesen seien, glaubte man ihm nicht. Wie immer es auch gewesen sein mag und wer auch immer an diesem einmaligen Vorfall die Schuld trug, einigermaßen verbürgt ist, dass der uralte Baumann nie mehr während einer Prozession in die Nähe des Pfarrers und des Allerheiligsten kam. Dies soll sich aber der uralte Baumann in keiner Weise zu Herzen genommen haben. Im Gegenteil. Von da aber habe er erst richtig einer lockeren Lebensweise gefrönt.

Der älteste noch lebende Baumann ist der alte Baumann. Er nannte sich Barbier, was bedeutet, dass er sich mehr dem Frisieren und Rasieren zuwandte. Das Verabreichen von Klistieren und das Zur-Ader-Lassen waren nie seine Sache. Dazu war er nicht der Typ. Zu fein und zu feingeistig war er, um sich diesen Ekel erregenden Dingen zu widmen. Was er beibehielt und ausdehnte, war die Behandlung von Zahnleiden. Hier erweiterte er die vom uralten Baumann erlernten Kenntnisse und Fähigkeiten und investierte viel in ein neues Sortiment an Zangen und Haken verschiedener Stärken. Sogar aus den umliegenden Ortschaften kamen die Leidgeprüften zu ihm, um sich Linderung zu verschaffen. Wie er selbst mehrfach betonte, sei er eine Koryphäe gewesen. Auf dem Gebiet des Friseurs war dies vielleicht nicht so der Fall, denn er soll die Zahnbehandlung nur dann durchgeführt haben, wenn die Patienten sich per Handschlag verpflichteten, auch ihre Haare fortan von ihm schneiden zu lassen.

In Sachen der Lebensfreude muss der alte Baumann dem uralten Baumann zunächst in nichts nachgestanden haben. Später ist er einer zunehmenden Schwermut verfallen. Er wurde einsilbig, mürrisch und bis auf den kleinen, jüngsten Baumann, seinen Enkel, gegenüber vielen Menschen abweisend. Kaum jemand hat ihn noch locker und gelöst in Erinnerung. Diese

Schwermut muss im Zusammenhang mit seiner Freundschaft zu Karl Rosenzweig stehen. Als die Frau des alten Baumann 1933 schwerkrank war, wandte er sich an Karl Rosenzweig, der damals schon sehr zurückgezogen lebte und sich nicht mehr so im Ort zeigte wie früher. Früher war Herr Rosenzweig ein führender Turner und im Turnverein beliebt. Auch im Fußballverein war er engagiert, wie überhaupt die Familie Rosenzweig im Dorf engagiert und beliebt war. Vor 1933 jedenfalls. Angeblich sollen die Kinder ihm, wenn sie ihn auf der Straße sahen, den Turnergruß »Gut Heil, Herr Rosenzweig« zugerufen haben. Dabei habe er immer in die Tasche gegriffen und jedem einen Bonbon gegeben. Im Tier- und Futtermittelhandel waren die Rosenzweigs tätig. Vor der Ernte ließen sie alle Lieferungen anschreiben und nach der Ernte zahlten die Bauern. Ohne Zinsen, versteht sich. So lief es viele Jahre. Bis auf einmal, nach 1933, einige Bauern »aufgrund der schlechten Ernte«, andere aber in offener Abneigung nicht mehr zahlten, weil dieser Herr Rosenzweig und seine Familie, die seit Generationen hier wohnten, auf einmal ein »Saujud« genannt werden durften …

Dieser Karl Rosenzweig setzte sich dafür ein, dass des alten Baumanns Frau, als sie schwer erkrankte, in die Hände eines prominenten Arztes an der Universitätsklinik in Mainz kam. Leider ohne Erfolg. Sie starb rasch. Karl Rosenzweig begleitete den alten Baumann dabei, als dieser seine tote Frau mit dem Pferdefuhrwerk heimholen ließ. Den ganzen langen Weg gingen beide neben dem Wagen her, keiner von beiden setzte sich auf das Fuhrwerk. Gemeinsam beschritten sie den schweren Weg. Von da an waren sie Freunde. Als Karl Rosenzweig der Zutritt zu deutschen Geschäften verwehrt wurde, rasierte der alte Baumann ihn zu Hause in seiner Küche oder aus Trotz nachts in seinem alten Frisiersalon.

Der Sohn des alten Baumann, der große Baumann, von dem als Nächstes die Rede sein wird, war am Anfang jener braunen Jahre Vorsitzender des Fußballvereins. Jung war der große Baumann damals, Mitte zwanzig. Aber, wie gesagt, damals schon Vorsitzender des größten und bedeutendsten Vereins hier im Ort. Der Karl Rosenzweig war im Fußballverein jahrelang im Spielerbeirat. Von einem auf den anderen Tag wurde er damals ausgeschlossen, durfte am Vereinsleben nicht mehr teilnehmen, durfte kein Fußballspiel mehr besuchen. »Und mein Sohn war damals Vorsitzender«, ging es dem alten Albert nicht aus dem Kopf. Er wusste, dass es nicht möglich war, sich gegen die braune Macht öffentlich aufzulehnen, und denunzierende Scharfmacher, die sofort alles dem Ortsgruppenleiter meldeten, gab es leider mehr als genug. »Aber hätte er nicht unter dem Vorwand einer zu großen beruflichen Belastung oder was auch immer den Vorsitz niederlegen können? Musste er so wirklich Handlanger der Braunen sein wie so viele hier? Haben diese Handlanger Böses getan oder nur Gutes unterlassen? Ach was, ganz gleich ist das. Spitzfindigkeiten sind das. Schuld haben wir alle.« Der alte Albert Baumann hat die Vertreibung der ganzen Familie Rosenzweig aus dem Ort, insbesondere den Selbstmord des Karl nie verwunden und er hat denjenigen, die Böses getan und Gutes unterlassen haben, nie verziehen. Darüber gesprochen hat er nie.

Der Sohn vom alten Baumann, neunzehnhundertzwölf geboren, nannte man den großen Baumann. So wie alle Baumanns hatte er volles, schon früh ergrautes Haar, war er schlank und groß. Der große Baumann hatte vor dem Krieg das Friseurhandwerk in Frankfurt in einem renommierten Salon erlernt. Anfangs erhielt er nicht nur keinen Lohn, sondern der alte Baumann musste zahlen, damit der Sohn die Friseurlehre durchlaufen konnte. Er lernte als Damen- und Herrenfriseur. Als er sich im Hause seines Vaters einen Salon einrichten wollte, wurde er Soldat, um dann in den Krieg zu ziehen. Nach dem Krieg begann er mit vereinten Kräften, den jetzigen Salon samt einem neuen Haus zu bauen. Vorne, wenn man zur Tür hereinkam, war der Herren-Salon. Ihm schloss sich ein größerer Damensalon an. Alles war noch neu und nach dem Stil der

Zeit. Der große Baumann war stolz darauf. Er war charmant, konnte es mit den Kunden, mit den Frauen und den Männern, ganz so, wie es jeder wollte und brauchte. Wie alle Baumänner hatte er die Lebenslust in die Wiege gelegt bekommen und über den Krieg nicht verlernt. Im Gegenteil. Nach dem Krieg wollte er leben und die neue freie Luft genießen. Er wollte nicht über das Gewesene reden und redete auch nicht darüber. Er sprach nie über den Krieg. »Was war, das ist gewesen«, sagte er oder »Jetzt ist jetzt.« Mit seinem Vater, dem alten Baumann, verband ihn eine zärtliche Zuneigung.

Der jüngste Albert Baumann, der kleine Baumann, war unmittelbar nach dem Krieg geboren. Er ging noch in die Volksschule. Was einmal aus ihm werden wird, lässt sich noch nicht sagen. Er gehört zu denjenigen, die im Friseursalon zuhörten. Manchmal, wenn ihn die Erwachsenen aus der Reserve lockten, dann schimpfte er über die Schule, die Hausarbeiten und alles, was ihn sonst noch störte. Seitdem ihn aber sein Vater eindringlich gebeten hatte, wenn er im Herrensalon ist, sich nicht mehr so von den Erwachsenen necken zu lassen und still zu bleiben, hörte er zu. Er hörte gespannt zu, beobachtete mit wachem Geist und versuchte sich zu merken, was sich so Interessantes abspielte im Friseursalon.

Der Kapitän

»Das ist ja unglaublich, ja unglaublich ist das, alles von unserem Geld«, empört sich der Herr Hauptlehrer Neumann. Er reckt seinen wuchtigen runden Kopf nach vorn, um einen ungetrübten Blick auf den freien Platz vor dem Friseursalon zu haben. Bis vor zwei Jahren stand hier noch das alte Haus der Baumanns. Ein neues wurde gebaut und das alte wurde abgerissen, um einer breiteren Hauptstraße Platz zu machen. Mitten auf dieser freien Fläche hatte sich vom gestrigen Regen eine große Pfütze gebildet. »Na, hoffentlich fährt er dort hinein«, hofft der Herr Hauptlehrer und echauffiert sich erneut »Unglaublich, was die sich einbilden. Entweder alles gestohlen oder von uns bezahlt. Und unsere Regierung schaut ungerührt zu, ja unterstützt das Ganze noch.« Nun sind auch die anderen im Herrensalon Wartenden auf den vorfahrenden Wagen aufmerksam geworden. Ein wunderschöner Opel Kapitän, türkis mit weißem Dach, Baujahr 1953, mit Weißwandreifen. »Das ist das neuste und beste Modell vom Opel, 68 PS hat der und mehr als 130 Kilometer pro Stunde macht der«, erläutert der Hans-Dampf, und der muss es wissen.

Damit war dieses Auto stärker als jeder Traktor im Ort und schneller als jedes andere Auto, das jemals hier gesehen wurde. Die Karosserie des Kapitän war ganz im Sinne der neuen amerikanischen Eigentürmer, der nur etwa zehn Kilometer entfernt liegenden Opelwerke, des Hauptarbeitgebers hier, mit einem markanten »Haifischmal-Kühlergrill« neu gestaltet worden. Alle Türen waren jetzt vorn angeschlagen und auch die Frontscheibe war ungeteilt. »Was mag das wohl kosten?«, fragte der Hauptlehrer, »Achttausendneunhundert Mark«, bemerkt der Hans-Dampf trocken, »ohne Prozente und Rabatte und ohne Sonderausstattung. So wie der da steht, hat der einiges drin, der ist deutlich teurer, ich schätze so neuneinhalb.« Er weiß es ganz genau, denn schließlich ist er die rechte und linke Hand des größten Opelhändlers in der ganzen Gegend. So ein Auto fällt hier auf. Niemand hier im Ort hat auch nur ein annähernd so schönes, wertvolles und begehrtes Auto wie dieses. Aus den Illustrierten kennt man es. Filmschauspieler, Neureiche und wirklich Reiche besitzen so eines. Und der amerikanische Generaldirektor der Opelwerke. Jeden Morgen lässt er sich nach Rüsselsheim und jeden Abend in seine Villa nach Kronberg im Taunus chauffieren. Etwa so gegen neun fährt er hin und so gegen sechzehn Uhr fährt er zurück. Seine gemächliche Vorbeifahrt ist mittlerweile ein Teil des dörflichen Rituals geworden. Wer hier lebt, der arbeitet entweder in den beiden großen Fabriken, bei Opel oder den Farbwerken. Der Rest sind kleine Handwerksbetriebe oder Bauernfamilien. Die gelben Opelbusse sammeln vor und nach den drei Schichten die ausgeruhten Arbeiter ein und bringen sie todmüde wieder zurück. Naja, nicht immer sind sie ausgeruht und nicht immer sind sie todmüde. Zeit zum Wirtshausbesuch oder zum Vereinsleben, was meist Hand in Hand geht, bleibt auch. Und wer nicht ins Wirtshaus geht oder am Vereinsleben teilnimmt, der ist Feierabendlandwirt oder er verdingt sich im eigenen Garten.

Wären jetzt nicht die Kinder in der Schule, die überwiegende Zahl der Männer bei der Arbeit und die Frauen mit dem Kochen oder dem Besorgen des Haushaltes beschäftigt, so hätte sich rasch eine Traube von Menschen um dieses wunderschöne Auto gebildet. Dieser Kapitän war eine Sensation hier. Alle Hälse im Friseursalon der Familie Baumann drehten sich nun in seine Richtung. Der Wagen war, bevor er vor dem Salon anhielt, schon die Hauptstraße, welche vom Herrensalon aus über ein kurzes Stück einsichtig ist, zweimal im gemächlichen Tempo hoch und runter gefahren, ganz so, als würde sein Fahrer etwas suchen. Schon da war er in das Blickfeld des Herrn Hauptlehrers geraten und durch die nun große ungeteilte Frontscheibe erkannte man mit einem Blick, wer, oder besser gesagt, was der Fahrer war. Jetzt sind alle Blicke auf das Auto und seinen Fahrer gerichtet. Die Fahrertür wird anders als bei den gängigen, billigeren Modellen nicht mehr nach hinten, sondern nach vorn geöffnet, wodurch man nicht sofort den aussteigenden Fahrer vollständig fixieren kann.

Nun erkennt man ihn deutlich: Er ist von kleiner gedrungener Statur. Der Mann hat einen dunklen Teint, schwarze Haare. Ein Südländertyp. Er trägt einen perfekt sitzenden grauen Anzug. Indem er sich jetzt nochmals ins Innere des Wagens beugt, holt er einen auffallenden, ebenfalls grauen breitkrempigen Hut, den er sich sorgfältig von vorn schräg über den Kopf aufsetzt. Wie er so den Hut aufsetzt, sieht man im Herrensalon, dass an seinem rechten Ringfinger ein zu großer goldener Ring sowie an seinem linken Handgelenk eine zu breite goldene Kette blitzen.

»Was will denn der Dreck-Zigeuner hier?«, sagt der Hans-Dampf. »Wo ist ein Zigeuner?«, murmelt der alte Rossmann unverständlich. Er hat keine Brille und sieht schon schlecht. Nun, wo er weiß, wer da angekommen ist, beugt auch er sich nach vorn, dreht den Kopf Richtung Fenster und raunzt: »Wo kommt der denn her, ich habe gedacht, von denen gibt es keine mehr.« Er raunzt leise, scheinbar nur für sich, und lässt sich wieder in seinen Tagschlaf zurückfallen. »Na, kein Wunder, fahren die solche Autos, wenn wir denen so viel bezahlen«, haut der Herr Hauptlehrer Neumann erneut in eine sensible Kerbe. »Ist es denn einer?«, kommt vom großen Baumann, indem er das Haareschneiden kurz unterbricht und in Richtung des Ankömmlings blickt. »Na, klar.«, sagt der Hans-Dampf. »Und das schlimme ist, wo einer ist von denen, da sind auch noch mehr«, ergänzt der Herr Hauptlehrer und fügt hinzu, »hoffentlich ist alles verschlossen und niet- und nagelfest, damit nichts gestohlen werden kann.«

Der alte Greipel, ein permanent ekelhaft nach Knoblauch stinkender Dreiundsiebzigjähriger hat von allem nichts mitbekommen. Er ist schwerhörig und bekommt nur mit, was man ihm unmittelbar ins linke Ohr schreit. Rechts ist er mehr oder minder taub. Er ist fertig mit der Rasur, steht auf, drückt dem großen Baumann die dreißig Pfennig in Fünfpfennig-Stücken in die Hand und folgt, wie er da so steht, den Blicken der anderen, nach draußen, auf den Kapitän, seinen Fahrer, den südländischen Typ, den Zigeuner. »So ein Drecksack, den hätte man auch …«. »Ist gut, Anton, mach's gut, bis nächste Woche.«, unterbricht ihn der große Baumann und bugsiert ihn zur Tür, um gleich darauf das Fenster zu öffnen und den widerlichen Knoblauchgestank zu neutralisieren.

Nachdem es eine Weile lang den Anschein hatte, als wollte der Fremde nur parken, um sich etwas die Füße zu vertreten, kam er jetzt zum offenen Fenster »Verzeihung, guten Tag, Du Chef Albert?«, »Ja, das kann man so sagen.« erwiderte der große Baumann, »kommen Sie herein.«. Der kleine untersetzte Zigeuner kam die kleine Treppe zum Haus der Baumanns herauf, streifte sich übertrieben emsig seine sauberen Schuhe auf der Matte vor der Haustür ab, öffnete diese, ging drei Schritte durch den kleinen Flur, wandte sich nach links und stand direkt vor der Tür zum Herrensalon. Diese Tür hatte oben ein kleines Fenster, in dem nun das Gesicht und die Schultern des Fremden zu sehen waren. Von außen wurde zaghaft an die Tür geklopft. Der große Baumann drehte sich um und beide schauten sich für einen kurzen Moment an. »Mein Gott, man könnte meinen, die ganze Traurigkeit der Weilt schaut aus seinen Augen«, ging es dem großen Baumann durch den Kopf, »seine Schultern sind eingesackt, sein Kopf gesenkt, was mag der wollen? Zum Haareschneiden ist der nicht gekommen. Die sind perfekt geschnitten, das habe ich schon gesehen, als er aus dem Auto ausgestiegen ist.« Eine kleine Weile verharrten beide so, sich durch das kleine Fenster anblickend, als aus dem Gesicht des Fremden die Traurigkeit durch ein breites Lächeln verdrängt wurde. Der große Baumann öffnete die Tür und der um einen Kopf kleinere Fremde und er standen sich lächelnd gegenüber.

»Guten Tag, bist Du Chef Albert?« fragte der in einem unbeholfenen Deutsch leise, aber mutig erneut.« »Guten Tag, ja, das sagte ich schon.« »Kann ich fragen?«, hob er an, nun wieder schüchtern werdend, um sein Anliegen vorbringen zu können, »Warten Sie einen Moment«, bat der große Baumann den Fremden innezuhalten, denn er spürte, dass es etwas Delikates werden könnte, weswegen ja auch schon alle im Herrensalon ihre Ohren zu spitzen begannen und weswegen sie gerade deshalb nicht alles mitbekommen mussten. Baumann nahm den Fremden beim Arm und trat mit ihm einen Schritt in den Flur und zog die Tür zu. Als er wieder hereinkam, hörten die drinnen nur noch. »Wirklich, Sie sagen nicht nein?« »Ich kann noch gar nichts sagen«, betonte Baumann, »ich werde das abklären und tun, was ich kann. Versprechen kann ich nichts.« »Oh, danke, vielen herzlichen Dank. Wann kann ich wiederkommen?« »Naja, ich denke Sie wollen sich ja dort einrichten?« »Ja, das müssten wir.« »Kommen Sie so gegen sechs am Abend, ich will sehen, was ich machen kann.« »Vielen Dank, Chef Albert und auf Wiedersehen.«, verabschiedete sich der Fremde.

»Was will denn der? Den und sein Gesockse brauchen wir hier so wenig wie Leibweh.«, raunzte der Rossmann Peter, genannt der alte Rossmann, erneut, kurz aus seinem Tagschlaf erwachend. Der alte Rossmann saß, gleich wenn man die Tür hereinkommt, an der Wand ganz rechts. Auf dem zweiten Stuhl, rechts außen. Der Platz neben ihm ist frei. Der alte Rossmann ist fünfundsechzig Jahre alt. Hager ist er, kerzengrad gewachsen. Sein volles graues Haar hängt ihm hinten tief im Nacken und rechts und links ein ganzes Stück über den Ohren. Ein gewaltiger grau-schwarzer Schnauz unterstreicht sein kantiges Gesicht. Er ist seit Tagen nicht rasiert, die grauen Stoppeln sprießen um sein Kinn und wachsen aus seinen Wangen. Seine großen hellwachen, dunklen Augen stehen im Kontrast zu seinem grau, fahl und eingefallen wirkenden Kopf. Wüsste man es nicht anders, so könnte er als ein armer, leicht unterernährter Intellektueller durchgehen.

Sein Geruch lässt aber schon erahnen, dass er das nicht ist. Er riecht nach Kuhstall. Seine Kleider stehen vor Stalldreck, seine hohen Stiefel haben Ränder von Kuhmist und Schweinedreck, als sei er darin bis über die Knöchel gewatet. Deswegen wurde die Schiebetür, welche die Herrenabteilung von dem weitaus größeren Raum der Damen trennt, zugezogen. Jedem anderen hätte das zu denken gegeben. Nicht aber dem alten Rossmann. Vermutlich hat er das gar nicht wahrgenommen. Nicht dass einer, der so riecht und gekleidet ist wie er, kein Intellektueller sein könnte. Mit Geruch und der Kleidung hat das natürlich nichts zu tun. Seine Art, sein Charakter, sein Verhalten lassen ihn alles andere als abwägend, differenzierend oder nachdenklich erscheinen. Und natürlich ist er weder belesen noch belehrt. Unbelehrt, unbelehrbar, holzschnittartig, in Schwarz und Weiß denkend ist er. Er spricht nicht mehr viel und das, was er sagt, gleicht eher einem unverständlichen aggressiven Gebell als einem Beitrag zu einer Kommunikation.

Links neben der Tür sind drei Stühle. Von denen sind die beiden äußeren besetzt. Der mittlere Stuhl ist frei. Gleich neben der Tür, also Mitte links, wenn man die Tür als Mitte bezeichnet, sitzt der Hauptlehrer der örtlichen Schule, Herr Neumann. Nimmt man jedoch die Anzahl der Stühle als Kriterium, dann sitzt er in der Mitte oder, anders ausgedrückt, zwischen den anderen Stühlen. Er selbst würde seinen Platz als Mitte-Rechts bezeichnen. Hauptlehrer Neumann steht kurz vor der Pensionierung. Wirklich? Steht er wirklich kurz vor der Pensionierung. Komisch. Die Leute hier sagen schon seit Jahren »Der Hauptlehrer Neumann wird bald pensioniert. Wer wird wohl sein Nachfolger?« Der Hauptlehrer Neumann ist Altphilologe. Er spricht druckreif. Vor kurzem hat er hier einmal gesagt »Der Niedergang unserer deutschen Sprache ist eine Katastrophe. Eine tausendjähriges Kulturgut wird durch immer mehr Fremdwörter, hauptsächlich diesen amerikanischen Schund beschmutzt.« Als der Hauptlehrer das Wort »tausendjährig« aussprach, wachte der alte Rossmann, der nicht zufällig ebenfalls anwesend war, aus seinem Wachschlaf auf und hob offensichtlich hellwach den Kopf, der ihm nach vorn auf die Brust gefallen war. Und beim

»amerikanischen Schund« reagierte er, für Fremde nicht erkennbar, für Einheimische aber klar und deutlich mit einem durch die Nase geblasenen Laut, den man als ein »Mh« verstehen kann, eindeutig zustimmend. »Es ist ja nicht nur das Verkommen der Sprache. Der ganze ausländische Schund, den wir übernehmen müssen, verdirbt unsere Jugend und damit unsere Zukunft. Mein Gott, diese neue Musik. Dieses Kauderwelsch, diese Negermusik. Überall diese Musikapparate, wie sagt man doch gleich, Musikboxen. Deswegen gehe ich gar nicht mehr in ein Wirtshaus. Wer kann sich da noch bei einem Glas Wein unterhalten? Seit uns die Amerikaner vor zehn Jahren befreit haben,« wobei der alte Rossmann beim Wort »befreit« wieder wach wird, sich leicht nach vorn beugt, seinen Kopf in Richtung des Hauptlehrers Neumann dreht, welcher ebenfalls seinen Kopf in Richtung des alten Rossmanns gedreht hat, so dass sich beide kurz ansehen und fast unmerklich dabei lächeln und nicken, »laden die uns ihren kulturlosen Dreck hier ab und verwenden uns als Müllhalde«, was der alte Rossmann wieder mit einem durch die Nase geblasenen »Mh« als Ausrufezeichen unterstreicht.

Dass der alte Rossmann und der Herr Hauptlehrer hier zusammentreffen, ist nicht zufällig. Der alte Rossmann wird dienstags und freitags rasiert, der Herr Hauptlehrer bekommt freitags seinen Haarkranz gerichtet, indem die wenigen verbliebenen Haare um die kaum wahrnehmbare Länge, die sie seit einer Woche gewachsen sind, gekürzt werden. Viele kommen an bestimmten Tagen, immer zur gleichen Uhrzeit. Dadurch haben sich Gesprächskreise gebildet, die sich verstehen, denn wenn jemand einen anderen nicht richtig riechen kann, dann hat er sich schon längst einem anderen, harmonischen Zirkel angeschlossen. Nicht dass man nicht auch da einmal unterschiedlicher Meinung wäre. Um Gottes Willen, das war ja notwendig, sonst wäre es ja entsetzlich langweilig. Man war unterschiedlicher Meinung, aber in Grenzen. Man war nicht diametral dagegen, nein, eben nur anderer Meinung, über die man dann lang und breit reden konnte. Im Grunde aber verstand man sich. Nun konnte es auch einmal vorkommen, dass jemand Fremdes in einen derartigen Kreis hineinplatzte. Egal wer es war, der Rhythmus der Gespräche war gestört. War es jemand aus dem gleichen Ort, also ein durchaus gut Bekannter, so war man verwundert, was der denn jetzt heute, gerade heute, hier zu tun hatte. Natürlich fragte man und meist war es dann dadurch verständlich, dass ein besonderer Anlass, wie eine Beerdigung oder ein Besuch, sich anschickte. Na gut, dann sprach man über dieses Ereignis. War es aber ein gänzlich Fremder, den niemand kannte, dann stockte der Gesprächsfluss. Hier griff dann der große Baumann ein, bezog den Fremden in ein Gespräch mit ein, zum Beispiel ganz allgemein über Fußball, auf keinen Fall jedoch ganz allgemein über Politik, und meist entwickelte sich ein interessantes Gespräch. Nicht für alle. Leute wie der alte Rossmann mochten Fremde nicht, gleich welcher Couleur. Sie blieben dann ruhig und ärgerten sich über die ungebetenen Gäste, die besser blieben, »wo der Pfeffer wächst.«

Der Herr Hauptlehrer möchte heute gerne »ordentlich und korrekt« aussehen. So sagt er jedenfalls immer, wenn er den Friseursalon betritt. Und wenn er kurz vor dem Gehen sich nochmals im Spiegel begutachtet: »Sehr gut Herr Baumann, jetzt sieht alles wieder ordentlich und korrekt aus«. Es ist nicht auszuschließen, dass Herr Baumann, der große Albert genannt, nicht wirklich etwas an den Haaren geschnitten hat. Was soll man auch schneiden, wo es nichts zu schneiden gibt? Wahrscheinlich hat er schon das eine und andere Mal mit der Schere mehr ins Leere geklappert als geschnitten. Doch das macht nichts, denn im Wesentlichen geht es dem Herrn Hauptlehrer sowieso um die Kommunikation, denn »Ach, meine Frau redet im Moment wieder nicht mit mir«, sagt er immer häufiger.

Heute ist der Hauptlehrer Neumann selbst sehr wortkarg. Übellaunig scheint er zu sein, wie er da so sitzt. Klein und rundlich ist er. Die Weste seines grauen Anzuges spannt über seinem

Bauch. Die Hosenbeine sind lang ausgestellt und zu lang. Der ganze Anzug wirkt, als habe er ihn, oder vielleicht sagt man besser, er wurde ihm in der Erwartung gekauft, dass er noch einen Schuss nach oben machen würde, also noch um etliche Zentimeter wachsen würde. Das ist nicht eingetreten. Zu mehr, als er ist, hat es nicht gereicht, und das ist schon mehr, als man von ihm hätte je realistischerweise erwarten dürfen. Es ist aber auch nicht ausgeschlossen, dass dieser für ihn viel zu große Anzug gar nicht für ihn gedacht war und er ihn quasi aus zweiter Hand übergestülpt bekommen hat.

Der »Herr Hauptlehrer«, wie ihn hier jeder nennt, ist zu jedermann freundlich, auch wenn er seine Meinung über den einen oder anderen hat. Aber er stellt sie nicht zur Schau und anecken will er nicht. »Ich bin halt liberal«, betont er. Deswegen legt er sich auch mit niemandem an und aus diesem Grund durchläuft jedes Kind auch ohne formale Probleme die von ihm geleitete Volksschule. Klar kann er nicht jedem ein hervorragendes Zeugnis ausstellen. Er stellt sich gut mit den Einflussreichen, den anderen Studierten, den Handwerkern und den Bauern, kurzum mit allen denjenigen, die etwas zu sagen haben. »Und das war noch nie zu meinem Nachteil«, wie er einmal sagte. Natürlich bringen die Bauernkinder am Schlachttag dem Herrn Hauptlehrer eine »kleine« Kostprobe vorbei, was er mit ausgestreckten Armen zurückweist, »aber das wäre doch nicht notwendig gewesen. Aber bitte, das muss doch nicht sein, oh, welche schönen Leberwürste, die werden uns aber schmecken.«

Niemand vom Ort geht auf die Sonderschule, auch Dummschule genannt, welche im nächstgrößeren Nachbarort ist. Dafür besuchen aber einige ganz Gescheite dort die Mittelschule und das Gymnasium. Nein, der Herr Hauptlehrer ist durchaus ein humanistischer Altphilologe. Auf seinem kleinen wohlgenährten elliptischen Körper sitzt halslos sein runder spiegelblank polierter kahler Kopf, welcher durch einen kleinen, immer kurz geschnittenen Haarkranz akzentuiert wird. Wegen dieser wenigen Quadratzentimeter von Haaren bedeckter Kopfhaut ist er hier.

Links neben dem Herrn Hauptlehrer, also ganz links am Fenster, sitzt der Hans-Dampf, so sagt man zu ihm. Er trägt normalerweise eine Meckifrisur, auch Igelschnitt oder Stehhaarschnitt genannt. Die Haare haben alle die gleiche kurze Länge, so dass sie wie bei einem Igel nach oben weisen. Etwas Haarcreme unterstützt dabei ihre Standfestigkeit. Da die Haare des Hans-Dampf zu sehr gewachsen sind, haben sie ihre Standfestigkeit verloren. Sie müssen gekürzt werden. Deswegen ist er hier. Hans Berger, wie der Hans-Dampf bürgerlich heißt, ist SPD-Vorsitzender, Führer der Mehrheit im Gemeinderat, Chef des größten Opel-Autohaus in der Gegend, dessen Eigentümer der SPD-Landtagabgeordnete Grau ist. Jung ist er, dynamisch und linksliberal, immer Kaugummi kauend, was der Herr Hauptlehrer natürlich bemerkt hat und was ihm missfällt. Wie der gesamte Hans-Dampf übrigens. »Ein Prolet«, soll er einmal über ihn gesagt haben, »ohne Manieren.« Und der alte Rossmann soll, so genau hat man ihn damals nicht verstanden, hinzugefügt haben, »ein Vaterlandsverräter ist er«, was er übrigens von jedem Sozialdemokraten meint und von den Liberalen selbstverständlich sowieso und den Christdemokraten im Allgemeinen auch, wobei es hier einige Ausnahmen geben mag.

Organisiert ist der Hans-Dampf sowohl in der SPD und als auch in der IG Metall. Ob er aus Neigung links ist oder lediglich auf Anweisung seines Chefs, lässt sich nicht so genau sagen. Natürlich ist es kein Zufall, dass sein Chef, der einflussreiche Landtagsabgeordnete sowie der größte Autohaus-Besitzer weit und breit, und er der gleichen roten Farbe treu ergeben sind, doch auszuschließen ist es nicht, dass der Hans-Dampf auch wirklich die inhaltlichen Überzeugungen der Roten teilt. Sein Vater war da nicht immer so charakterfest. Das weiß man hier und nimmt es ihm und damit auch seinem Sohn übel. Wesentliches wird im Meinungsbild des Dorfes über Generationen weitergetragen. Früher, vor dem Krieg, war der Vater des Hans-Dampf

Funktionär im Zentrum, dann überzeugter Anhänger der Braunen, während er heute mit seinem Sohn zusammen eine treibende Kraft in der Arbeiterbewegung ist. Die SPD ist im Gemeinderat in der Regierungsverantwortung, wenn man das so sagen will. So wie in Hessen insgesamt, das ja eine rote Hochburg ist. Weit abgeschlagen ist in dieser kleinen Gemeinde im Main-Taunus-Kreis die CDU hinter der SPD.

Der Hans-Dampf ist zweiter Vorsitzender im Fußballclub. Der Fußballclub ist die Nebenrealität der Gemeinde. Wobei sich nicht eindeutig sagen lässt, ob nicht die Gemeinde die Nebenrealität des Fußballclubs ist. Zwar gibt es eine Reihe von weiteren Vereinen, wie die Feuerwehr, den Gesang-, Turn- und Karnevalsverein oder die Kleintürzüchter, aber keiner der anderen Vereine spiegelt so in einem kleineren Rahmen und damit deutlich intensiver die Struktur der Gemeinde sowie das Gemeindeleben wider als der Fußballverein. Das zeigen schon die Zahl sowie das Gefüge der Mitglieder des Fußballvereins. Wer etwas im Dorfleben zählt, ist Mitglied im Fußballverein oder besser gesagt in dessen Vorstand oder in einem seiner Ausschüsse, wie dem Spielerausschuss oder dem Festausschuss etwa. Wer das nicht ist, nicht wenigstens passives Mitglied ist, zählt nicht wirklich, ist ein Außenseiter. Er ist zwar immer noch Teil der Gemeinde, aber natürlich nicht so richtig. Wer gar für einen anderen Fußballverein hält und dies dummerweise auch noch öffentlich äußert, der ist ein Gegner. Hier im Friseursalon der Baumanns spricht niemand, der ernst genommen werden will, gegen den Fußballverein Germania. So dumm kann man nicht sein, schließlich ist der große Baumann Vorsitzender des Fußballvereins und Vorsitzender des CDU-Ortsverbands.

Gleich gegenüber der Eingangstür steht zentral in der Mitte des Raums ein wuchtiger, grüngepolsterter Friseurstuhl vor einem großen Spiegel und einem nach vorn ragenden Waschbecken. Der Friseurstuhl kann von hinten über einen Fußhebel und eine einfache Hydraulik nach oben gepumpt und mit einem längeren Nach-unten-Drücken des Hebels heruntergefahren werden. In die Rückenlehne ist eine Kopfstücke integriert, die je nach der Größe desjenigen, der gerade die Haare geschnitten bekommt oder rasiert wird, nach oben oder unten verstellt werden kann. Durch die Spiegel an der Front kann jeder jedem ins Gesicht sehen. Obwohl alle entweder nebeneinander sitzen oder in einer zweiten Reihe davor sitzen oder stehen, jeder kann jeden sehen, was eine gute Voraussetzung für eine gelungene Kommunikation ist.

Rechts vom Friseurstuhl ist eine kleine Theke, in welche die Kasse integriert ist. Hier wird bezahlt, hier macht jeder, ob Mann oder Frau, einen letzten Stopp, gibt noch etwas Persönliches von sich, bevor er oder sie frisch frisiert wieder geht. Links vom Friseurstuhl ein Waschbecken mit einem Stuhl davor. Wenn Platzmangel ist, dient dieser als Reserve. Entweder wird hier gewartet oder gewaschen und frisiert. Klar wollen die meisten Frauen nicht gerne in diese Männerbastion. Aber auch hier gibt es Ausnahmen und der große Baumann nutzt seine Menschenkenntnis, indem er genau einzuschätzen weiß, wer robust ist oder es gar gern hat, sich unter den Männern zu tummeln.

Meist ist es aber der Platz des alten und des kleinen Albert. Manchmal sitzen sie beide eng zusammengekuschelt, angenehm nahe beieinander und beobachten das Treiben. Der alte Baumann murmelt dann dem kleinen ab und an etwas ins Ohr, wie »Der Quatschkopf, was der schon wieder sagt« oder er sagt es gleich so laut, damit der Gemeinte es auch hört. Der alte Albert kommt aber nicht mehr so oft, weil er »über viele zu viel weiß«, wie er einmal sagte, und deren »Geschwätze« nicht mehr hören kann. »Zu viel haben die auf dem Buckel« oder »zu viel haben die auf dem Kerbholz, als dass ich die jetzt noch ertragen kann«. Deshalb sitzt meist der kleine Albert allein auf dem bequemen Sessel. Quer sitzt er, den Rücken an der einen Lehne und die Beine über der anderen. So hat er einen direkten Überblick über alles. So auch heute.

»Komm, Hans, Du bist dran«, sagte der große Albert, als er wieder in den Herrensalon trat und mit einer leichten

Drehbewegung den Friseurstuhl in Richtung Hans-Dampf drehte. »Was wollte der denn?«, fragte der und zeigte mit dem Kopf in Richtung des Zigeuners, der nun sein Auto langsam wendete und über die Hauptstraße wegfuhr. »Er hat gefragt, ob er den Sportplatz mieten kann.« »Was?«, kam es völlig erstaunt und langezogen aus mehreren Kehlen. Nicht verwunderter hätte die Reaktion sein können, wenn der große Albert die Wiederkunft des Allmächtigen und das unmittelbar bevorstehende Jüngste Gericht angekündigt hätte. »Ja, er möchte den Sportplatz mieten, weil über das Wochenende das Hochzeitfest seines Sohns gefeiert werden soll und seine Sippe sowie die Gäste Platz brauchen.« »Nein« »Doch« »Und Du hast nein gesagt!«, bemerkte der Hans-Dampf ganz entschieden. »Nein, habe ich nicht.«, entgegnete der große Albert. Dass der Hans-Dampf und der große Baumann meist unterschiedlicher Meinung sind, verwundert bei deren verschiedenartigen Standpunkten niemand. Im Gemeinderat der eine rot und Mehrheitsführer, der andere schwarz und dort der Führer der Opposition. Im Fußballclub ist es umgekehrt, nicht was die politische Meinung anbelangt, sondern was die Sitzverteilung anbelangt. Dass diese beiden Kontrahenten nur selten einer Meinung sein können, ist klar. Sie bekriegen sich nicht, jedenfalls nicht öffentlich. Aber sie sind weit davon entfernt, gute Freunde zu sein. Die Zuhörer im Friseursalon durften sich daher auf einen spannenden öffentlichen Schlagabtausch der beiden freuen.

Der große Albert lässt es aber nicht dazu kommen und geht von sich aus nicht mehr näher auf das Thema ein, so dass ein längeres Schweigen entsteht, das der Herr Hauptlehrer mit »Ja, wie viel Leute sollen da denn kommen?« unterbrach. »Etwa zweihundert.« Fassungslosigkeit breitet sich im Herrensalon aus. »Was hast Du gesagt?« »Zweihundert Gäste werden zur Hochzeit erwartet.« »Ja, aber das ist ja fast so viel wie der halbe Ort und niemand hier hat je eine so große Hochzeit gefeiert.« »Ja.« »Aber das geht doch nicht« »Warum nicht? Der Fußballplatz ist groß genug, er ist weit draußen vorm Ort, er liegt in einer alten Kiesgrube, also abgeschirmt, nur über einen einzigen Weg zufahrbar. Wir hier merken davon gar nichts.«, erläuterte der große Albert. »Wir hier merken nichts?«, fiel ihm der Hans-Dampf ins Wort, »wie kommst Du denn darauf? Natürlich wird man die sehen. Das gibt eine Invasion von Gaunern und Kleinkriminellen, von Tagedieben, Betrügern und Dirnen.«

Als der kleine Albert das Wort »Dirnen« hört, spitzt er die Ohren. So genau weiß er nicht, was das ist. Dass es aber etwas Interessantes ist, das hat er schon mitbekommen. Dirnen sind in Frankfurt »wie Sand am Meer und gegen Geld blasen die einem Zucker in den Hintern«, hat einmal Rudi, der Metzgerbursche, gesagt. Damals wollte der noch weitererzählen, aber die Mutter des kleinen Albert, die Elsbeth Baumann, kam und unterband dieses interessante Gespräch. »Seid Ihr verrückt, so was vor dem Bub zu reden?« Sie meinte damit den kleinen Albert. »Von mir aus können die ruhig weiterreden.«, dachte er damals, aber das Thema wurde gewechselt.

Dass der Bereich, um es einmal so zu nennen, um den es da ging, nicht tugendhaft war und dass man derartige Themen aussparen oder meiden sollte, das wusste der kleine Albert schon. Eigentlich war das ja alles verboten. Zum einen natürlich aus der Reaktion der Mutter, und zum anderen hatte ihm neulich der Herr Pfarrer in der Beichte die Leviten gelesen, als er das mit der Anna, der Schwester vom Hans, zugegeben hat. Er hätte es nicht müssen, denn es hat ja niemand gesehen, außer der Anna, dem Hans und ihm. Aber der Herr Pfarrer hat im Religionsunterricht gesagt, »Der Herrgott sieht alles und deswegen ist es besser, alles zu beichten, und nachher ist einem wohl, weil einem vergeben wird.« Also, hat der kleine Albert gedacht, kann es ja vielleicht doch nicht schaden, das, was der Herrgott sowieso gesehen hat, auch zu beichten. Er hat sich zwar gefragt, warum er es nochmals sagen soll, wenn er es doch gesehen hat, »aber so ist es halt«, hat er gedacht. Und es lag ihm ja auch auf der Seele. »Ich habe gegen das sechste Gebot verstoßen.«, hatte er dann so allgemein und in einem

Nebenbei-Tonfall ganz am Schluss der letzten Beichte leise vor sich hin gesagt, den Kopf nach unten gebeugt, und gehofft, dass es der Herr Pfarrer überhört.

Aber da hatte der kleine Albert sich getäuscht. »Wie?«, hat der gefragt. Albert wollte es zunächst nicht verstehen und hat einfach nichts gesagt. Aber dann hat der Herr Pfarrer etwas lauter nachgehakt, ziemlich energisch wurde der Herr Pfarrer auf einmal, so kannte der kleine Albert ihn gar nicht und erschrak deshalb bis ins Mark. »Wie hast Du gegen das sechste Gebot verstoßen?« »Mit der Anna, der Schwester vom Hans, haben wir Doktor gespielt.« »Wie?«, fragte der hinter dem ziselierten Holzrahmen in seinem Kasten sitzende Herr Pfarrer wieder. »Wir haben ihr die Brust abgehört.« »Wie?«, wollte der Pfarrer jetzt wissen. »So wie das der Doktor auch macht, mit dem Ohr«. »Und mit den Fingern?« »Auch« »Wo?« »Auf der Brust« »Wo auf der Brust, über oder unter dem Pullover?« »Unter dem Pullover« »Gar auf der nackischen Haut?« »Ja«, stammelte der kleine Albert und die Tränen waren ihm nun nahe. »Du weißt, dass das beim Doktor etwas anderes ist. Bei Euch ist es eine Sauerei, mache das nie wieder. Zur Buße betest Du zehn Vaterunser und zehn Gegrüßet seist Du, Maria.« Dann murmelte der Herr Pfarrer etwas auf Lateinisch und sagte »Geh jetzt!« Das klang ziemlich unfreundlich. Und der kleine Albert nahm sich vor, nie mehr derart schwer zu sündigen. Und er fühlte sich gleich nach der Beichte, wo er völlig sündenfrei war, auch sauwohl. Aber das alles lag einige Zeit zurück und jetzt interessierte ihn »dieser Bereich«, wenn man ihn denn so nennen will, doch wieder ungemein, und an die ursprünglichen Vorsätze erinnerte sich der kleine Albert überhaupt nicht mehr.

Als »Dirne« oder »Nutte«, was das Gleiche sein muss, wie schon gesagt, so genau kannte sich der kleine Albert da nicht aus, wurde auch schon hier im Salon die eine oder andere Frau genannt, leise, hinter vorgehaltener Hand, sozusagen. Meist fand Albert die so Titulierten eigentlich nett. Zumindest waren sie freundlich, wenn sie hier in den Salon kamen, freundlich und lustig. Sie lachten viel. »Und gut aussehen tun sie auch.« Nicht dass der kleine Albert da einen großen Erfahrungshintergrund gehabt hätte, eigentlich gar keinen, aber in letzter Zeit wurde es ihm wärmer und er wurde nervöser, wenn er sich die eine oder andere Frau, die da so in den Salon kommt, etwas genauer, aus einem besonderen Blickwinkel, wenn man so will, ansieht. Seit einer Woche geht er da in »diesen Bereich«, wie er es nennt, morgens, bevor er zur Schule geht, dann wenn die Friseusen zur Arbeit kommen und sich in dem kleinen Durchgang neben der Küche umziehen, auch dort scheinbar unabsichtlich und gedankenverloren vorspielend vorbei. Und da hat er schon äußerst Interessantes gesehen! Nur in einer Unterhose und im BH stand da vor einigen Tagen die Mijou, die Monika, von der alle sagen, dass sie so hübsch sei. Sie hat nur »Guten Morgen, Albert, mach, dass Du nicht zu spät zur Schule kommst« gesagt und sich zu ihm hingedreht, so dass er »alles« sah und gelacht hat sie. Gestern muss sie aber doch was gemerkt haben, da sagte sie nämlich: »Pass auf, dass Dir nicht die Augen ausfallen.« Das war natürlich dem kleinen Albert peinlich, denn da muss die Mijou ja was gemerkt haben. Und jetzt sollen da Dirnen in den Ort kommen, das verspricht interessant zu werden.

»Albert, fahr mal zum alten Müller und frag ihn, ob er nicht gleich einmal kommen kann.«, bat der große den kleinen Albert. »Ich?«, ging auch der kleine Albert jetzt in die Defensive, denn er hatte Angst, hier etwas zu verpassen. »Ja, Du, nimm Dein Fahrrad, dann bist Du gleich wieder da und vielleicht kann der alte Müller ja gleich mitkommen.« »Ach Papa, immer ich. Der alte Müller ist sowieso nicht daheim.« »Dann sag seiner Frau, er soll einmal herkommen.« »Die wird auch nicht da sein, die ist doch immer in der Kirche.« »Dann schau in der Kirche vorbei, wenn sie nicht zu Hause ist.« »Oh, ich hab soo Bauchweh.« »Komm jetzt, Du verpasst hier nichts und durch die Bewegung geht das Bauchweh weg. Also auf, komm!« Der kleine Albert merkte, dass aller Widerstand jetzt zwecklos ist, also steht er widerwillig auf und tut, was er nicht vermeiden konnte.

»Noch eine Invasion von Strolchen, die wir nicht brauchen, hatten wir die denn nicht erst?«, bemerkte der Hauptlehrer »Eigentlich habe ich noch von der letzten genug.« »Ich auch«, gab der alte Rossmann hinzu. »Wenn diese Zigeuner sich auf unserem Fußballplatz eingenistet haben, werden die alles vollscheißen.«, erregt sich der Hans-Dampf erneut. »Nicht, wenn wir ihnen die Toilettenhäuschen öffnen.« »Und die neuen Waschräume vielleicht auch noch?« »Ja, die auch.« »Alles einfach so öffnen, bist Du verrückt geworden?« »Nein, nicht einfach so öffnen.«, ging es zwischen dem Hans-Dampf und dem großen Baumann nun heftiger werdend hin und her. »Na, jetzt kommt endlich Fahrt auf«, dachte sich der Herr Hauptlehrer sichtlich erfreut.

»So, Hans, das war es« sagte der große Baumann, indem er den Handspiegel von der Wand nahm und ihn hinter den Kopf des Hans-Dampf hielt, damit dieser sich von allen Seiten betrachten konnten. »Prima, als Friseur bist Du gut.« Die kleinen lockeren Haare um des Hans-Dampf Kragen werden abgepinselt, der Umfang um ihn vorsichtig nach vorn abgenommen, damit auch hier die Haare nicht auf seine Kleidung fallen, und während der große grüne Stuhl sich zur Seite dreht, steht der Frischfrisierte auf. »Bitte schön, Herr Hauptlehrer, Sie können Platz nehmen.«

Nachdem der Hans-Dampf bezahlt hat, der Herrenhaarschnitt kostete damals 80 Pfennig, Kinder zahlten die Hälfte, das Rasieren kostete 30 Pfennig, und sich zum Gehen aufmacht, sagt der große Albert, bevor er nochmals auf die Zigeunerhochzeit zu sprechen kommen konnte, zu ihm »Warte nochmal draußen einen Moment, ich komme gleich.« »Warum?« »Weil wir klären müssen, was wir mit den Zigeunern machen. Dürfen die nun auf den Fußballplatz oder nicht?« »Natürlich dürfen die nicht, die sollen bleiben, wo der Pfeffer wächst.«

»Warte draußen, mir ist da noch eine Idee gekommen.« Der Hans-Dampf und der große Albert gehen nach draußen, vor die Tür des Herrensalons und so sehr die darin Verbliebenen, der Herr Hauptlehrer und der alte Rossmann, auch die Ohren spitzten, sie konnten nichts mitbekommen. Als sich die Tür wieder öffnete und der große Baumann und der Hans-Dampf wieder hereinkamen, fragte dieser »Ja meinst Du?« »Warum denn nicht, ich kann mir das gut vorstellen.«, antwortete der große Baumann. »Naja, wenn das so ist, ja, wenn das so ist.« Das Gespräch wurde vom kleinen Albert unterbrochen, der außer Atem in den Herrensalon stürmte und sich auf seinen Platz fallen ließ, in der Hoffnung, dass das interessante Thema mit den Dirnen von vorhin noch nicht abschließend behandelt wurde. »Er kommt, Papa, er hat sich gleich auf den Weg gemacht.« »Warum bist Du denn so außer Atem, Bub? Ist das Bauchweh weg?« »Welches Bauchweh?« »Vorhin hattest Du doch Bauchweh.« »Ja, das ist weg.« »Gut.«

»Na, dann warte ich noch, bis der alte Müller kommt«, sagte der Hans-Dampf, während der große Albert sich fragte, was er denn beim Herrn Hauptlehrer schneiden sollte. Da war nichts zu schneiden. Also klapperte er mit der Schere und kämmte die wenigen Haare erst nach links, dann nach rechts, wieder nach links und zur Abwechslung nach vorn. Nach einer kleinen Weile kam der alte Müller. Klein, rundlich, kahler Schädel, immer lächelnd, immer gut gelaunt, obwohl er, wenn man an seine Frau denkt, eigentlich gar keinen Grund dazu hätte. Sie war das Gegenteil von ihm. Schlank, einen Kopf größer als er und katholisch-puritanisch, immer ernst. Viele im Ort machten deswegen Witze über die beiden und das wusste der alte Müller auch, aber es störte ihn nicht. Im Fußballverein war er Mädchen für alles. Bei Heimspielen saß er in seiner kleinen Kabine und verkaufte die Eintrittskarten. Zehn Pfennig kostete der Eintritt, den aber nur die wenigsten bezahlten. Viele umgingen die Kasse des alten Müllers und kamen die Hänge hinunter. Der alte Müller machte gute Miene zum unguten Spiel. Neben dieser Funktion war der alte Müller immer zur Stelle, wenn ihn der große Baumann brauchte. Obwohl der alte Müller mit seinen siebzig Jahre fast doppelt so alt war wie der große Baumann, konnte man sie Freunde nennen. Während der große Baumann den alten Müller siezte, verwendete dieser das Du.

»Was gibt es, Albert, ah, Hans, du bist auch da, na das ist ja fast eine richtige Vorstandssitzung.« »Sagen Sie einmal Herr Müller, haben Sie die nächsten Tage Zeit?«, fragte der große Albert, indem er dem alten Müller die Hand gab und sie sich freundlich anlächelten. »Ja, wie immer, ich habe nichts vor.« »Da möchte eine Zigeunergruppe auf dem Fußballplatz eine Hochzeit halten.« »Ja was?« »Und die brauchen natürlich Toiletten und die neuen Duschen« »Ja, klar, sonst würden die ja alles versauen.« »Ich habe mir gedacht, wenn die Sie holen und wieder zurückbringen und Sie dort auf dem Platz nach dem Rechten schauen, dann sollte das doch gehen.« »Ich?« »Ja, Sie, Sie wären da doch der Richtige.« »Ja, das mache ich«, freute sich der alte Müller sichtlich, »Ja, wann soll das denn sein?« »Am kommenden Wochenende. Aber wenn Sie heute Abend so gegen achtzehn Uhr nochmals kommen könnten, dann kommt da auch der Czardasfürst von denen und wir könnten es gemeinsam genau besprechen.« »Ja, ist gut, ich komme.« »Und, Hans, einverstanden?« »Ja, wenn das so ist«, sagte der zustimmend, weswegen sich der Herr Hauptlehrer, die Augenbrauen hochziehend, sehr erstaunt umdrehte und der alte Rossmann unhörbar ein »Doch ein Vaterlandsverräter, habe ich es nicht immer gesagt« raunzte, »Ja, wenn das so ist, dann soll es von mir aus sein, aber die Verantwortung trägst Du Albert.« »Ja, die trage ich.«

Am Abend sieben Minuten vor der vereinbarten Zeit fährt wieder der wunderschöne Opel Kapitän vor. Sein Fahrer, der gleiche wie heute Vormittag, wartet mit dem Aussteigen bis zwei Minuten vor achtzehn Uhr, steigt dann aus, kommt die kleine Treppe zum Haus der Baumanns herauf, streift sich wieder übertrieben emsig seine sauberen Schuhe auf der Matte vor der Haustür ab, öffnet diese, geht drei Schritte durch den kleinen Flur, wendet sich nach links und steht direkt vor der Tür zum Herrensalon. Der große Baumann öffnet sie und sagt: »Kommen Sie herein.« »Guten Tag, die Herren«, sagt der Zigeuner in einem ängstlichen Tonfall. Im Salon waren der alte Müller und der große Baumann. »Guten Tag«, antwortet der alte Müller, den der große Baumann gleich vorstellt. Vorsichtig, zurückhaltend fragt der Zigeuner »Darf ich fragen?« »Das geht in Ordnung«, stellt der große Baumann gleich fest. »Ja, wirklich, ich kann es kaum glauben.«, und er strahlt über das ganze Gesicht. Die zusammengesackten Schultern spannten sich und sein Oberkörper nahm eine gerade Haltung an. Er wirkte stolz, ganz so, wie es zu seinem Aussehen und seinem Auto passt.

»Ja, das geht in Ordnung, es sind da nur einige Dinge zu beachten.« Der große Baumann erläuterte, dass alles sauber gehalten und sauber verlassen werden muss, dass man sich möglichst auf dem Sportplatz aufhalten solle, also nicht so viele Leute durch das Dorf laufen sollten, dass die Toilettenhäuser und die Dusche nur geöffnet werden, wenn der alte Müller anwesend ist, und dass dieser abgeholt und heimgefahren werden muss und dass die vereinbarten zweihundert Mark für die Vereinskasse im Voraus zu zahlen seien. »Danke, einverstanden, hier sind die zweihundert Markt«, sagte der Zigeuner und holte aus seinem Portemonnaie vier Scheine à fünfzig Mark und gab sie dem großen Baumann. »Aber ginge es nicht, die Toilettenhäuschen offenzulassen, ich meine, wenn die Gäste nachts und so einmal müssen?« »Da hat er recht«, sagte der alte Müller,« ich kann ja nicht immer dort sein und ich werde es kontrollieren. Wenn es nicht sauber ist, dann schließe ich einfach ab.« »Also gut, die lassen wir offen. Naja, anders geht es ja wirklich nicht.« »Entschuldigung, noch eine Frage«, sagte der Zigeuner »Entschuldigung, wenn ich frage, dürfen Frauen und Männer hierher zum Haaremachen kommen, ich meine, für Hochzeit soll alles schön sein, und meinen Sie, Chef Albert, wir können auch fertig Lamm zum Grillen am Spieß über Feuer drüben bei Metzger Heinz und Brot bei Bäcker Friedel und Herrmann kaufen?« »Puh, ja das wird schon gehen, aber das muss alles organisiert werden, so viele Leute, wie soll das gehen?« »Ja, wir organisieren.«

Nachdem weitere Dinge besprochen wurden, verabschiedete sich der Zigeuner und sagte »Bitte, Chef Albert,«, so nannte er den großen Baumann nun immer, »machen Sie uns die Ehre und kommen Sie zur Hochzeit als unser Gast und Sie«, dabei dreht er sich zum alten Müller, »natürlich auch und Ihre geschätzten Frauen und Kinder sind selbstverständlich auch herzlich eingeladen. Darf ich Sie nach Hause fahren?«, fragte der noch den alten Müller »dann kenne ich auch gleich den Weg.« Der alte Müller lachte wieder übers ganze Gesicht. Insgeheim hat er nämlich gehofft, in dem schönen Kapitän chauffiert zu werden.

Die Tage vor dem Fest wurden hektisch. Das ganze Dorf wurde mit Lieferaufträgen überhäuft. Lämmer mussten kurzfristig besorgt, geschlachtet und zum Grillen entsprechend zubereitet werden, Brote gebacken, Obst und Gemüse musste in großen Mengen aus der Markthalle in Mainz besorgt werden, Bauersfrauen backten Kuchen und verkauften sie teurer als im besten Café in Frankfurt.

Auch im Friseursalon herrschte Hochbetrieb. Die Damen und Herren Zigeuner, ob jung oder steinalt standen Schlange. Bis zum großen Hochzeitsfest mussten tagtäglich Nachtschichten eingelegt werden, was im Friseurgewerbe eigentlich verboten war. Deswegen wurden die Läden vor den Fenstern geschlossen, damit niemand sah, was ohnehin jeder wusste. Innen im Friseursalon herrschte ein Treiben wie auf einem indischen Marktplatz. Die Kommunikation ging nun nicht mehr zwischen der Friseuse und der Kundin, sondern kreuz und quer durch den ganzen Salon. Die Lautstärke wurde zum Teil ohrenbetäubend. Die Frauen alle anmutig, die meisten hübsch, alle in große, bis zu den Knöcheln reichende Gewänder gehüllt, kamen und gingen, und im Herrensalon herrschte ein Treiben, dessen man kaum Herr werden konnte. Um wie versprochen einen Auflauf fremder Völker zu vermeiden, wurden die zu Verschönernden jeweils in einem noblen Wagen vorgefahren und wieder abgeholt. Trotzdem überstieg das alles die Kapazität des Salons. Der große Baumann sprach daher mit dem Chef des Clans und beide vereinbarten einen Fahrplan, wann wie viele Damen und Herren kommen können. Darüber hinaus wurden für eine kurze Zeit alle ehemaligen Friseusen, welche bei den Baumanns je gelernt und gearbeitet hatten, wieder reaktiviert, so dass kein Platz leer blieb.

Während man so die Kapazität im Damensalon fast verdoppeln konnte, blieb der große Baumann im Herrensalon alleine. So sehr er sich auch beeilte, so wenig konnte er gegen die Masse an schwarzbelockten Köpfe ausrichten. Immer wenn er dachte, die Wartenden würden weniger, kam wieder eine neue Wagenladung. Also hatte er die Idee, die Mijou zu fragen: »Du, Monika, kannst Du mir nicht im Herrensalon helfen?« »Ich?« »Ja, Du.« Der große Baumann fragte deshalb die Mijou, weil die die Couragierteste war, nicht auf den Mund gefallen, sich von den Männern nichts gefallen ließ und gefallen lassen musste und weil sie gut aussah, gut gewachsen, schlank, mittelgroß, schwarzhaarig mit glutvollen Augen. Der große Baumann mag sie und hätte sie daher auch gerne in seiner Nähe gehabt. Komisch, wie sich da die Vorlieben über Generationen zu vererben scheinen. Der kleine Baumann war ja da, wie schon zu sehen gewesen ist, ganz offensichtlich der gleichen Ansicht. »Aber Herr Baumann, ich kann das ja gar nicht.« »Doch, und das, was Du noch nicht kannst, das lernst Du, jetzt ist dafür eine gute Gelegenheit.«

Mit der Mijou im Herrensalon wurde dort die Situation wie in einem Bienenhaus, alles summte und brummte, eine Energie entwickelte sich, die man weder sehen noch riechen, aber dennoch sinnlich wahrnehmen kann. Die Luft schien auf einmal elektrisch geladen zu sein und es hätte nur eines unbedachten geschlagenen Funken bedurft und alles wäre in die Luft geflogen. Mit der Mijou verdoppelte sich die Menge der zu leistenden Haarschnitte, aber es wurde deshalb nicht leerer. Im Gegenteil. Die einen wollten nach der Frisur nicht gehen und die noch nicht Frisierten kamen lange vor der vereinbarten Zeit. Die Sitzplätze waren längst ausgeschöpft »Macht nichts«, sagten die Wartenden, »wir stehen gerne.«

In der ganzen Hektik des Geschehens schnitt die Mijou sogar einmal einem jungen Burschen ins Ohr, so dass er stark blutete. Mit dem Blutstiller, der eigentlich für die Rasur gedacht ist, wurde es wieder gestillt. »Oh, das tut mir leid«, sagte die Mijou, schaute nach der Wunde und strich ihm dabei um das Kinn, »Entschuldigung« »Ich bitte Dich«, sagte der Verletzte, »wenn Du mich nochmals streichelst, dann kannst Du mir auch noch ins andere Ohr scheiden.« Der ganze Herrensalon glich einem Tollhaus. Alle hielten sich die Bäuche vor Lachen. Auch der Clan-Chef musste auf einmal anwesend sein, um »alles überwachen« zu können. Er zahlte en bloc, für alle. So musste nicht alles einzeln abgerechnet werden. Er gab auch jeder Friseuse en bloc das Trinkgeld. Als er der Mijou das Trinkgeld in die Hand drückte und ihr anbot, sie »zu so später Stunde nach Hause zu fahren, denn schließlich sind die Zeiten ja immer noch unsicher«, wurde diese, was niemand erwartet hätte, rot und lehnte dankend ab, »Danke, ich wohne ja nur um die Ecke.« Später sagte die Mijou einmal, dass das Trinkgeld »fürstlich« gewesen war.

Mit dieser Aktion hat die Mijou auch ein neues Betätigungsfeld im Salon der Baumanns gefunden. Sie wurde die Hauptattraktion im Herrensalon. Doch davon soll zu einem späteren Zeitpunkt noch eingehender berichtet werden.

Der alte Müller wurde wie vereinbart morgens früh abgeholt und abends spät wieder nach Hause gefahren. Wie ein Graf wurde er bewirtet und er soll sogar, was ihm seine Frau streng verboten hatte, genüsslich eine um die andere Zigarre rauchend gesehen worden sein. Beim Fest war er bis in die frühen Morgenstunden anwesend und soll auch einen kleinen Rausch gehabt haben, jedenfalls lachte er noch mehr als sonst.

Nach dem Hochzeitsfest am Montag in der Früh fuhren die ersten Autos mit ihren Wohnwagen wieder ab. Also letzter verließ der türkisfarbene Opel Kapitän den Fußballplatz, nachdem er vorher nochmals in den Ort gekommen war, um sich vom alten Müller und dem großen Baumann herzlich zu verabschieden. Unmittelbar danach ging der alte Müller zum Friseursalon. »Na, das war etwas«, sagte er lachend, als er dort eintritt »so etwas hat die Welt noch nicht gesehen. Das war ein Fest, und wie freundlich die alle waren, nichts, aber auch nichts ist verdreckt oder kaputtgegangen und hier schau einmal«, und er zog eine große Schachtel Zigarren aus einer Einkaufstasche »da schau einmal, die hat der mir noch gegeben, die kostet ein Vermögen, wenn man die hier überhaupt bekommt«, und er gibt die geöffnete Kiste mit den Zigarren dem großen Baumann, wobei der alte Müller wie ein junger Lausbub wirkt und sagt »Riech einmal! Ist das nicht wunderbar? Köstlich dieser Duft! Du sag einmal, könntest Du dieses Brandopfer für mich hier im Friseursalon aufbewahren, ich meine, Du verkaufst ja Zigarren und Zigaretten, das fällt ja gar nicht weiter auf und ich kann mir dann immer eine holen? Zu Hause ist dafür die Luft zu trocken, Du weißt schon.« »Ja, ich weiß. Geben Sie her, bei mir ist die Kiste gut aufgehoben.«

»Noch etwas«, beginnt der alte Müller, schon im Fortgehen begriffen, »sag einmal, Albert, was ich eigentlich die ganze Zeit schon fragen wollte, wie hast Du den Hans-Dampf dazu bewegen können, dass er eingewilligt hat, ich denke das ist doch gar nicht seine Art.« »Ach das war einfach. Ich habe ihm gesagt, wenn der Anführer dieser Zigeuner einen solchen vornehmen und teuren Opel Kapitän fährt, dann werden das die anderen in seiner Sippe auch tun und die könnten dann alle zu ihm kommen, damit die Autos einmal kontrolliert und überholt werden können, sein Chef, der Herr Landtagsabgeordnete Grau, würde sich sicherlich sehr darüber freuen.« »Ach so, aber ich habe dort außer diesem einen türkisen Kapitän gar keinen anderen Opel gesehen. Die anderen fuhren alle einen Mercedes.« »Ja, da kann man nichts machen, aber das konnte damals ja niemand wissen oder ahnen.« »Ja«, sagt da der alte Müller, nun so heftig lachend, dass ihm die Tränen über die Wangen laufen, »so kann man sich halt täuschen.«

»Ich bin froh, dass das Lumpenpack wieder fort ist.« murmelt der alte Rossmann, der auf seine Rasur wartet und den der alte Müller und der große Albert gar nicht wahrgenommen haben, griesgrämig vor sich hin. »Die haben hier nichts verloren. Jeder soll dorthin, wo er hingehört. Schließlich frisst auch jede Sau aus ihrem Trog.«

Der Herr Doktor

»Um Gottes Willen, da muss etwas Furchtbares passiert sein.«, ruft der Willy Klein aus und reckt seine kurzen Arme gegen den Himmel. »Willy, um Gottes Willen«, entsetzt sich der große Baumann augenblicklich in einem fast schon vergessenen militärischen Befehlston, »bleib sitzen!«. Doch den Willy hält nichts mehr auf dem großen grünen Frisierstuhl. Nur durch eine blitzschnelle Bewegung kann der große Baumann verhindern, dass er dem Willy mit dem scharfen Rasiermesser die Kehle durchschneidet oder sonst eine schwere Verletzung zufügt. Dem Willy wäre es egal gewesen. Der muss jetzt zum Fenster, nichts kann ihn halten. »Es muss eine Katastrophe passiert sein«, denkt der Willy. Die Bayer's Maria und die Schmücker's Anna, die eben noch auf dem großen freien Platz vor dem Friseursalon gelacht und gefeixt hatten, rennen nun wieselflink, mit ihren mehr als sechzig Jahren hätte das ihnen niemand mehr zugetraut, die Hauptstraße hoch, ebenfalls die Hände zum Himmel erhebend, nun nicht mehr lachend und feixend, sondern schmerzhaft schreiend. Hinein in den gefährlich engen Schlauch der Hauptstraße rennen sie und verschwinden so aus dem Blickfeld des Friseursalons, an dessen Fenster nun der Willy Klein steht, hinter ihm der große Baumann, ihn um einige Köpfe überragend. Völlig konsternierte Hühner rennen laut gackernd aus der engen Stelle heraus die Straße entlang, nun auf den freien Platz einbiegend, wo sie im Zickzack umherhasten und so das Bild eines apokalyptisch anmutenden Chaos unterstreichen.

Als der Willy Klein aufgesprungen ist, hat er noch den gesamten Rasierschaum in Gesicht und den weißen Frisierumhang um den Hals, der ihn jetzt von oben bis fast zu den Knöcheln umhüllte. So steht er hier am Fenster und sieht aus wie ein skurriler Zwerg ohne rote Mütze oder wie ein kleiner Geist aus einer modernen Theaterinszenierung. Am ganzen Körper zittert er. Natürlich wäre er auch so auf die Straße gerannt, um in diese gefährliche Stelle der Hauptstraße hineinzukommen und zu sehen, was sich da ereignet hat, aber er steht hier wie festgenagelt. Er traut sich nicht nach draußen, er will gar nicht sehen, was da Furchtbares passiert sein muss, er kann nicht. »Gleich wird die Sirene hoch oben vom Kirchturm, direkt neben dem Kreuz ist sie angebracht, heulen. Deren schriller an- und abschwellender Schrei wird den Leuten im ganzen Dorf in Mark und Knochen fahren. Sie kennen diesen unwirklichen Lärm noch aus den vergangenen Zeiten und dieses Schreien der Sirene hatte immer etwas Schlimmes eingeläutet. Die Menschen werden zusammenlaufen, um zu helfen, um Schlimmeres zu vermeiden, um die erste Not zu lindern. Gleich wird die Feuerwehr kommen«, dachte er und glaubte, schon die Sirene des roten Opel-Blitz zu hören, mit dem die Feuerwehr ihre Männer an den Ort des Geschehens bringt. »Bis die Polizei und der Krankenwagen kommen, wird es noch etwas dauern. Das Unfallkommando ist ja nicht hier im Ort und die beiden Ortspolizisten, die weiter oben an der Hauptstraße postiert sind, werden von alledem nichts mitbekommen. Der Krankenwagen kommt aus der Kreisstadt, dort ist das Kreiskrankenhaus, hoffentlich sind die bald zur Stelle, denn jede Minute wird zählen.«

Jetzt ist auch aus dem Haus gegenüber vom Friseursalon der Schmücker, Walter, der Sohn der Schmücker's Anna, Vorstandmitglied der Feuerwehr gekommen. Drahtig, energisch, sein im Krieg erlerntes Handwerk als Unteroffizier anwendend, stoppt er den Verkehr, indem er sich mitten auf die Straße stellt, den rechten Arm nach oben reckt, die flache ausgebreitete Hand in Richtung des ersten da kommenden Autofahrers hält, den mit den Augen stechend fixierend, so dass dieser wie von selbst wie angewurzelt stehen bleibt. Zudem zeigt er noch mit dem Zeigefinger der linken Hand vor sich auf den Boden, was so viel bedeutet bis hierher und keinen Schritt weiter. Ein völlig verwirrtes Huhn rennt ihm zwischen den Beinen durch. Hinter dem ersten Auto hält ein weiteres. Langsam baut sich eine kleine Schlange auf.

»Was ist passiert?«, ruft der Willy Klein dem Schmücker Walter zu »Keine Ahnung, ich kann da nichts Genaues sehen, da ist ein zu großer Tumult.« Wie ein Hammerschlag trifft den Willy Klein das Wort Tumult und er sackt noch etwas mehr in sich zusammen. »So schnell kann es gehen.«, denkt er. »Eben war noch der Milch-Pejoph«, wie hier der Peter Josef Müller von allen genannt wird, »froh und munter draußen auf dem freien Platz mit der Quickly, einem einfachen Moped oder besser gesagt einem Fahrrad mit Hilfsmotor, eigentlich überhaupt nichts Gefährliches an und für sich, seine Kreise gefahren. Die beiden Frauen in ihren grauen Kittelschürzen, die eine mit etwas mehr rosa, die andere mit etwas mehr blauen Blumen, erst letztens hatten sie diese Arbeitstrachten der Hausfrauen als Sonderangebot beim örtlichen Textilwarengeschäft Rempsberger gekauft, »Vorkriegsqualität«, hat der gesagt und wollte damit darauf hinweisen, welch ein Schnäppchen die Damen eigentlich mit diesem altmodischen Zeugs machen, wurden durch den Lärm der Quickly und das laute Lachen des Milch-Pejoph angelockt und sie waren dankbar und froh über diese lustige Einlage und willkommene Abwechslung im ansonsten so grauen Alltag.

»Wo bleibt denn nur die Feuerwehr?«, denkt der Willy. Er hat gar nicht mitbekommen, dass die Sirene nicht geheult hat, deswegen auch die Feuerwehr gar nicht kommen kann und vermutlich auch nicht kommen muss. »Und wann kommt endlich der Rettungswagen? Hoffentlich hat der Pejoph keine Schmerzen und hoffentlich muss er nicht leiden. Und alles wegen mir, alles meine Schuld«, beginnt sich der Willy bittere Vorwürfe zu machen und er fängt leise an zu weinen, so dass ihm die Tränen an den Wangen in kleinen Bächen hinunterlaufen. Der große Baumann kann zwar diese Tränen nicht sehen, doch er bekommt mit, dass der Willy am ganzen Körper zittert und bis ins Mark erschrocken und getroffen ist, ohne dass er selbst eine solch große Gefahr wahrnehmen kann. Dennoch legt er ihm seine Hände auf die Schultern und streichelt ihm über den Rücken »Willy, komm Willy«, sagt er dabei und versucht diesen zu beruhigen. »Kannst Du was sehen, Walter?«, ruft nun auch der große Baumann hinüber auf die Straße. »Nein, noch nicht, aber es scheint nicht so schlimm zu sein.« Der große Baumann wäre nun gerne selbst nachschauen gegangen, aber er wollte den Willy, der, immer mehr zitternd, wie angewurzelt dasteht, nicht allein hier im Salon lassen.

»Eigentlich habe ich ja die Quickly gar nicht mitnehmen wollen.«, martert sich der Willy weiter. »Gefahren bin ich selbst noch nicht einmal damit, kann ich auch gar nicht, nur geschoben habe ich es. Nur hierher geschoben habe ich es, weil ich halt gedacht habe, hier vor dem Friseursalon ist so ein gutes Schaufenster, da kommen die Leute vorbei und sehen es. Vielleicht interessiert sich jemand. Klar, ich hätte mir denken können, dass gerade der Pejoph sich dafür interessiert, ach, hätte ich es doch nur in meinem Zimmer stehen gelassen. Welcher Hafer hat nur den Pejoph gestochen, dass er das lustig Gewordene im Kreisfahren aufgegeben hat, den sicheren Platz verlassen und ohne zu überlegen, wie es halt seine Art ist, mir nichts, dir nichts, Vorfahrt achten hin, Vortritt gewähren her, – ›schließlich können doch die Arschlöcher anhalten, wenn ich da komme‹, wird er gedacht haben, – in die gefährliche Enge gefahren ist? Dieser enge Schlauch ist aber auch wirklich saugefährlich. Dass da nicht schon mehr passiert ist, ist das reinste Wunder. Doch einmal passiert es, es hat ja so kommen müssen, aber warum denn gerade der Pejoph? Warum er? Warum muss ihn das Schicksal so treffen?«

Der »Schlauch«, wie das Nadelöhr in der Hauptstraße genannt wird, ist nicht wirklich gefährlich, aber es ist eine Stelle, wo sich ständig der Verkehr staut, und ein Platz, wo es laufend zu Ärgernissen und Streitereien kommt. Der Ort wird zum einen von der Hauptstraße, die von Nord nach Süd verläuft, und dem Bach, der von Ost nach West fließt, nahezu perfekt viergeteilt. Dort, wo sich die Hauptstraße und der Bach kreuzen, ist der tiefste Punkt des Ortes. Die eine Hälfte der Hauptstraße geht also bergauf, die andere bergab, je nachdem, von welchem

Punkt man es betrachtet. Der Friseursalon ist nur hundert Meter vom Kreuzungspunkt der Hauptstraße und des Baches entfernt, was sehr von Vorteil ist, denn unmittelbar in der Senke am Bach entstehen immer wieder unschöne Hochwasser, nichts wirklich Gefährliches, aber die umliegenden Keller und Höfe stark verschmutzend. Noch etwas weiter oberhalb ist der Schlauch, er beginnt oder endet, je nach Blickwinkel, unmittelbar mit dem freien Platz vor dem Salon.

Da in dieser engen Passage keine zwei Fahrzeuge aneinander vorbei kommen, ist eine Vorfahrtsregelung verfügt und signalisiert worden. Die Fahrzeuge, welche von Süden kommen, müssen warten und diejenigen, welche von Norden kommen, zuerst durchfahren lassen. Nun meint natürlich jeder Führer eines Pferdefuhrwerkes, also die einheimischen Bauern, dass sie diese Regelungen nichts angeht, denn die aufgestellten Schilder können ja nur die Auto- oder Lkw-Fahrer betreffen. Klar denken auch so die wenigen Groß-Bauern mit ihren funkelnagelneuen Traktoren, und die immer seltener werdenden armen Landwirte mit den langsam und gemächlich dahinzottelnden von Kühen gezogenen Fuhrwerke meinen dieses sowieso. Wie sollten sie auch sonst durch den Schlauch kommen? Das sehen wiederum die Herren »Städter«, das sind alle Nicht-Bauern, ganz anders. Diese meinen natürlich, dass die Verkehrszeichen für alle gelten. Also Streitereien ohne Ende, und fast ist es schon zu Handgreiflichkeiten gekommen. Für die Wartenden im Friseursalon ist das jedes Mal eine Gaudi. »Da schaut einmal, der Becker Peter, wie der sich wieder aufregt. Puh, seine Pferde steigen hoch, Achtung, das kann gefährlich werden.«

Wer hier die Vorfahrt hat, das ist keine einfache Frage der Verkehrsregelung. Natürlich ist es nicht so einfach, wenn ein landwirtschaftliches Fuhrwerk im Schlauch zurücksetzen müsste. Bei einem Pferde- oder Kuhgespann geht das gar nicht. Aber das ist alles keine Frage der Funktionalität oder eine Frage des Gehens oder Nicht-Gehens. Das ist

Klassenkampf! Und zwar Klassenkampf zwischen der armen und als einzig richtig arbeitenden Schicht der Landwirte, schon an ihrer Arbeitskleidung erkennbar, mächtig hoch oben auf ihren Fuhrwerken sitzend, gegen die Nichtstuer, aber Vielverdiener in ihren neuen Anzügen und schönen Autos. Das ist aber auch Klassenkampf zwischen denen von hier und denen von auswärts, die hier nur durchfahren wollen. »Sollen sie doch bleiben, wo sie herkommen, was haben die denn hier zu suchen? Hier sind wir und hier fahren wir zuerst«, ist eine der gängigen Parolen im Friseursalon.

Der freie Platz vor dem Friseursalon, der eine so gute Sicht auf die Einfahrt in den Schlauch und das Geschehen dort ermöglicht, ist kein verkehrstechnischer Zufall. Dort stand das alte Haus, der alte Friseursalon des alten Baumann. Das Haus wurde an den Main-Taunus-Kreis verkauft, die Baumanns bauten das neue Haus dahinter, und der Main-Taunus-Kreis riss das alte ab. Das alte Haus war das erste von mehreren Häusern, die weichen mussten, damit die Hauptstraße verbreitert werden kann und damit dort keine gefährliche Verkehrsbeeinträchtigung mehr ist. Aber so weit ist es noch nicht. Noch muss sich der Verkehr hauptsächlich am Morgen und am Nachmittag hier durchquälen.

Dass der Willy Klein und der Peter-Josef Müller heute sich hier im Salon getroffen haben, ist kein Zufall. An jedem Donnerstagnachmittag, so gegen siebzehn Uhr, kommen sie, um sich rasieren zu lassen. Mal ist der eine früher, mal der andere. Beide lassen sich nur rasieren und nur einmal die Woche. Das ist wenig. Dem Milch-Pejoph ist es egal, wenn ihm die Bartstoppeln im Gesicht wachsen, der Willy kann es sich nicht anders leisten, er muss sparen. Der große Baumann hat dem Willy deshalb schon dann und wann angeboten, ihn kostenlos zu rasieren. Er hat dabei nichts gesagt, um deswegen kein Aufsehen zu erregen, sondern nur dem Willy die Hand gedrückt, als der nach hinten zum Portemonnaie greifen wollte, um das Geld zu holen. Aber der Willy wollte das nicht. »Danke, Albert, ist schon gut, Du tust ja sonst schon genug für mich.« »Ach, das ist doch nicht der Rede wert.« »Doch, das ist es, hier bitte nimm das Geld.« Und dann hat er auch noch etwas aus einer alten Aktentasche hervorgeholt, das in Zeitungspapier eingepackt war, und gesagt »Und hier habe ich noch zwei Eier für Deinen Vater, Du weißt, etwas anderes habe ich nicht, sag ihm einen schönen Gruß und ich hoffe, es geht ihm gut.«

Wie so manchem anderen borgen die Baumanns auch dem Willy Geld. So gegen Ende des Monats, wenn es knapp wird, kommen einige »alte Bekannte« und murmeln leise, so dass es niemand Fremdes hören kann, der große Baumann es aber ahnen können muss. Dann erhalten die so Fragenden einen Vorschuss auf die nächste Rente, einen Kleinkredit sozusagen. Der Kreis dieser Kunden ist überschaubar, und mehr oder minder sind es immer die gleichen Personen. Der Willy gehört dazu. Gleich links neben der Kasse liegt ein handliches kleines Buch mit Konten für jeden dieser Klienten. Wirkliche Probleme mit der Rückzahlung hat es noch nie gegeben. Das ist Ehrensache in einer Gemeinde, wo jeder jeden kennt.

Außer dem Pejoph und dem Willy Klein kommen am Donnerstagnachmittag und zu dieser Uhrzeit keine weiteren Kunden in den Herrensalon. Das mag sich zufällig so eingebürgert haben, das kann aber auch an dem Pejoph liegen. Der ist ein grober, kantiger Kerl, ohne Manieren, ohne Bildung und ohne Regeln, die er anerkennt. Groß, dick, ungewaschen, ungepflegte Kleidung, unangenehm riechend, ungehobelt, eben ein »Fulder« und ein »Klobe«, wie man hier sagt. Viele sagen auch zu ihm ein »ungehobelter Klobe«, was dann nochmals eine Steigerung ist, die im Sinne eines unangenehmen Zeitgenossen nicht mehr zu überbieten ist. Ganz anders müssen da seine beiden Brüder sein. Der Theo und der Wilhelm Müller. Doch von denen hat man hier schon lange nichts mehr gesehen. Man kennt sie von früher von der Schulzeit und vor dem Krieg. Blitzgescheit und mit allen Wassern gewaschen sollen sie gewesen sein. Während des Kriegs waren beide erst in Berlin und dann angeblich in Polen. Nach dem Krieg waren beide völlig von der Bildfläche verschwunden. Erst einige Jahre später hörte man von ihnen. Nach Argentinien sind sie ausgewandert und dort zu Geld gekommen. Im Textilgeschäft seien sie, Färbereien würden sie besitzen und mehrere hundert Mitarbeiter würden für sie arbeiten. Blühen und prosperieren würde alles dort im fernen Argentinien. Ja, sie seien eben auch dort erfolgreich. Zwei jüngere Männer aus dem Ort hatten sich aufgemacht, um bei ihnen zu arbeiten und mit ihnen erfolgreich zu werden. Diese Jungen waren schon mehrmals wieder zu Besuch in der alten Heimat und haben von unglaublichem Reichtum berichtet. Auf die Fragen, wann denn auch der Theo und der Wilhelm Müller einmal zu Besuch kämen, meinten die nur, »die bleiben in sicherer Entfernung« und der Pejoph bemerkte einmal, »die haben Angst vor den Juden.«

Die Familie Müller lebt seit Generationen hier im Ort. Gleich unten dort, wo sich der Bach und die Hauptstraße kreuzen, haben sie ein kleines Anwesen. Der Pejoph lebt dort allein. Seit Jahren hat kein Fremder mehr dort einen Fuß hineingesetzt. Darüber, wie es in drinnen in seinem Haus aussehen muss, wird nur gemunkelt. Der Pejoph lebt von einigen Grundstücken, die er verkaufen konnte. Einfaches Ackerland wurde zu Bauland und damit um ein Vielfaches wertvoller. Er hat viel und kann gut davon leben. Unbeliebt ist der Pejoph. Wegen seiner Art und seines Auftretens. Außer einigen Saufkumpanen mag ihn fast niemand.

Die wenigen Ausnahmen sind der alte Baumann, der kleine Albert und der Willy Klein. Der alte Baumann spricht mit dem Pejoph, wenn er zum Rasieren kommt. Nicht viel, aber die Art, wie er ihm gegenübertritt, und die Tatsache, dass er überhaupt mit ihm spricht, zeigen, dass er ihm wohlwollend zugeneigt ist. Und auch schon mehrmals hat der alte Baumann öffentlich gesagt »Der Pejoph ist ein ordentlicher Kerl und er ist mir tausendmal lieber als seine braunen Brüder, die Drecksäcke. Hoffentlich widerfährt denen Gerechtigkeit, und das nicht erst im Himmel.« Zu mehr ließ sich der alte Baumann nicht hinreißen. Das war auch nicht nötig, denn offensichtlich wussten alle im Dorf, was es mit denen auf sich hatte. Aber es sprach niemand darüber.

Der kleine Albert hatte nur positive Erfahrungen mit Pejoph oder, besser gesagt, er hatte eine positive Erfahrung mit ihm, aber das reichte für ihn aus, um den Pejoph nur im besten Licht zu sehen. Einmal war er mit dem großen Albert im »Weißen Roß«, einem der Gasthäuser im Ort und dem Gasthaus, wo der Pejoph seine Bühne hat. Kurz vor Ende des Kriegs soll er hier einmal einem Gerichtsvollzieher die Aktentasche entrissen haben und diese in den Ofen geworfen haben. »So, jetzt kannst Du die armen Teufel nicht mehr plagen«, soll er gesagt haben. »Das werden Sie bitter bezahlen und büßen«, soll der vor Zorn bleiche, aber gegenüber seinem Widersacher ohnmächtige Gerichtsvollzieher gedroht haben. Nur die Wirren des Kriegsendes sollen den Pejoph damals vor großem Ungemach gerettet haben.

An einem schönen Samstagabend, lange nach dem oben geschilderten Ereignis, waren der kleine Albert, der große Albert, der Pejoph und der Willy Klein im »Weißen Roß« am runden Tisch versammelt. Die Baumanns flüchten immer am Samstagabend in ein Gasthaus, weil dann die Putzkolonne den Salon säubert und sie dabei nur stören würden. Der Pejoph führte das Wort. Dabei kam auch irgendwie die Rede auf Tauben. Der Pejoph besaß einige davon. Darunter mehrere wunderschöne weiße Radtauben. Unvermittelt sagte der kleine Albert »Ach, Herr Müller, solche Tauben hätte ich auch gerne.« »Ja mein Bub, das glaub ich Dir, die sind ja auch schön. Und Du sollst auch welche haben. Komm am Montag und dann gebe ich Dir zwei.« Der große Albert maß dem keine Bedeutung bei. Wahrscheinlich hat es der Pejoph schon morgen wieder vergessen und in seinem Rausch kann er sich daran nicht mehr erinnern. Dem kleinen Albert wird er die Sache schon ausreden, wenn der es nicht auch vergessen wird. Aber der kleine Albert vergaß die Angelegenheit nicht und er ließ sich die Sache auch nicht ausreden. Und der alte Albert ermutigte ihn zu allem Überfluss auch noch. »Was der Pejoph gesagt hat, das hat er gesagt. Geh ruhig zu ihm! Komm her, ich helfe Dir noch. Du brauchst ja eine Kiste und die Tauben können wir hinten unter das Dach vom Stall in einen

Verschlag geben, und wenn sie sich an den gewöhnt haben, dann öffnen wir einige Ziegeln und sie können dann rein- und rausfliegen. Mir gefallen die weißen Radtauben auch. Wart noch, wir müssen doch noch Löcher in die Kiste machen, ohne Luft gehen die Tauben ein. Da geht es ihnen wie den Menschen.«

Also ging der kleine Albert los, die große Kiste in beiden Händen vor sich her tragend. Er musste lange rufen, bis der Pejoph an die Tür kam. »Guten Tag, Herr Müller. Ich bin gekommen, um die Tauben zu holen.« »Was denn für Tauben?« »Na, die weißen Radtauben. Am Samstag haben Sie doch im »Weißen Roß« gesagt, dass Sie mir zwei Radtauben schenken wollen.« »So, hab ich das? Ich kann mich gar nicht mehr erinnern.« »Doch das haben Sie gesagt«, wurde der kleine Albert bestimmt, denn er sah seine Tauben davonfliegen. »Na, wenn ich das gesagt habe, dann muss ich das auch halten. Gib mir mal Deine Kiste!« Und so stieg der Pejoph in den Taubenschlag und kam mit zwei weißen Radtauben wieder zurück. »Wart einmal, zwei sind zu wenig.« So stieg er wieder in den Schlag und kam mit zwei weiteren wieder zurück. Der kleine Albert war außer sich vor Freude über diese wunderschönen Radtauben, und auf den Herrn Müller ließ er nichts mehr kommen.

Und der Willy Klein, ja was gefiel dem an dem Pejoph? Man weiß es nicht. Aber überall, wo der Pejoph ist, ist auch der Willy Klein in der Nähe, so wie ja hier und heute im Friseursalon auch. Meist treffen sie sich jedoch in Gasthäusern, überwiegend im »Weißen Roß«. Nie kamen sie zusammen und nie gehen sie zusammen, ja eigentlich waren sie auch gar nicht zusammen dort. Denn der eine führt am runden Tisch das Wort und der andere sitzt still dabei, während der eine fünf und mehr große Gläser in sich hineinschüttet, nippte der andere an einem einzigen kleinen Gläschen. Wenn der eine sich eine große Portion zum Essen bestellte, fragte der andere, ob er sich aus dem Brotkorb eine Scheibe nehmen dürfe. Manchmal bestellte sich der Willy »eine klare Suppe mit Nudeln bitte« und die Frau Schäfer, die Wirtin vom »Weißen Roß«, schreibt das dann auf die Rechnung vom Pejoph, womit der stillschweigend einverstanden ist. So unterschiedlich, so grundverschieden die beiden auch sind, so unzertrennlich sind sie.

So wie der Pejoph der Gegenentwurf zu seinen Brüdern ist, ist er es auch zum Willy Klein. Schon von der Gestalt her. Klein und feingliedrig ist der Willy. Wahrscheinlich wiegt er nur die Hälfte vom Pejoph, wenn überhaupt. Ruhig, still und zurückhaltend im Wesen ist der Willy. Immer auf sein ordentliches Aussehen ist er bedacht. Nur im Anzug geht er ins Dorf. Zwei Anzüge, vier Hemden und zwei Krawatten dürfte er haben. Mehr hat man nicht an ihm gesehen. Aber alles ist immer sauber und gepflegt. Etwas abgetragen ja, aber sauber und gepflegt ist es. Und da die Kleider des Willy auch Vorkriegsqualität besitzen, werden sie ihm noch lange ihren Dienst tun. In einem Raum mit mehreren Leuten fällt er gar nicht auf. Ganz im Gegenteil zum Pejoph, dessen Poltern und Gegröle man überall von weitem heraushört.

Der Willy Klein ist erst nach dem Krieg hierher gekommen. In Frankfurt an den Städtischen Bühnen soll er gearbeitet haben, als Platzanweiser und an der Garderobe soll er gearbeitet haben, auch wurde er manchmal als Statist auf der Bühne eingesetzt. Nichts Bewegendes wurde da von ihm verlangt, Füllmaterial war er, wenn man das bei seiner Statur überhaupt so sagen kann. Belesen ist der Willy. Jedes Theaterstück hat er nachgelesen, den tieferen Sinn zu erforschen gesucht. Als die Städtischen Bühnen in Frankfurt ihren Betrieb gegen Ende des Krieges einstellen mussten, wurde er arbeitslos und lebte vom Ersparten. Einfach und bescheiden lebte er. Er brauchte nie viel. Verheiratet oder in einer Partnerschaft lebte der Willy nie. Mit seiner Mutter zusammen verbrachte er die Zeit des Kriegs. Diese musste dann gestorben sein, denn nach dem Krieg tauchte der Willy auf einmal hier auf. Allein. Nur mit einem verschlissenen Koffer soll er dagestanden sein.

In ein einziges Zimmer, wenn man das überhaupt so nennen kann, wurde er eingewiesen und dort lebt er heute noch.

Besser würde man die Behausung als Stall bezeichnen. Man hatte Bedenken, ob man überhaupt jemandem, trotz der Not, so etwas zumuten kann. Aber der Willy wollte zur Verwunderung des zuständigen Mitarbeiters der Gemeindeverwaltung genau das und sagte das auch so: »Bitte lassen Sie mich dort wohnen. Genau das möchte ich. Das reicht mir und das ist gut für mich.« Im Hof des Bauern Orth hat er diesen Beschlag gefunden und bezogen. Ebenerdig sollte es sein, »ohne Keller« hat er ausdrücklich gesagt »und kein Stockwerk darüber.« Gewundert hat sich der Orth schon über diesen Wunsch, aber da der Willy einen »eigenen Eindruck« machte, wie man hier sagt, und man ihn damit als »komischen Typ« abstempelte, wurde das bald vergessen.

Dem einfachen Menschen Willy Klein entspricht die Unterkunft, die aus nur einem Raum besteht, ein Bett an der Wand, ein Schrank sowie ein Tisch mit zwei Stühlen. Im Winter heizt ein Kohleofen mehr schlecht als recht, denn dieser Bretterverschlag ist so luftdurchlässig und dadurch so zügig wie ein Schweizer Käse. Seine Toilette ist das Gemeinschaftsplumpsklo über dem Hof, wo er auch das Waschbecken benutzt. Alles nimmt der Willy in Kauf. Natürlich braucht er auch nur wenig Miete zu zahlen und dem Herren Orth ist es auch recht, dass der Willy auf seinem Hof wohnt, denn es ist besser als nichts, was er da bekommt und den »Willy höre und sehe ich nicht, der ist eigentlich gar nicht da.«, sagt er.

Im großen Garten von Herrn Orth hat der Willy die Möglichkeit, Hühner zu halten. Dadurch bessert er sich seine kleine Rente etwas auf, die seinen Lebensunterhalt gerade so sichert. Mit den Eiern und einem ab und an geschlachteten Huhn handelt der Willy. Auch züchtet er Hühner. Jedes Frühjahr kauft er für wenige Pfennige winzige Küken, die er in einem alten Schrankteil hält und mit einem Rotlicht wärmt und aufpäppelt. So kommt er günstig zu »Nachschub«, wie er sagt. Aber er handelt nicht nur mit Eiern und Hühnern. Er handelt eigentlich mit allem, was er so bekommt. So auch mit dieser Quickly. Er hat sie heute zum

Friseurladen in der Hoffnung geschoben, dass sie dort jemand sieht und er so mit einem Interessenten ins Gespräch kommen kann. Und klar hat sie der Pejoph gesehen, für dessen Auge sie eigentlich gar nicht gedacht war. Da der Willy vor ihm im Herrensalon war und gleich auf dem Frisierstuhl Platz nehmen konnte, fing der Pejoph auch prompt damit an, als er die Tür reinkam.

»Sag mal, Willy, ist die Quickly Dir?« »Ja«, sagte der zur Rasur auf den großen Albert Wartende. »Wo hast Du die denn her?« »Ach, dem Bender Franz gebe ich ja immer Eier und geschlachtete Hühner und jetzt hat er mir dafür die Quickly angeboten, damit ich sie verkaufe.« »Die schöne Quickly für die paar Eier und die alten zähen Hühner?« »Also, das waren mehr als nur ein paar Eier, und meine Hühner sind auch nicht zäh, und ganz gehört die Quickly auch nicht mir. Wenn es zu einem Verkauf kommen sollte, dann muss ich das mit dem Bender Franz noch genau absprechen und dann sehen wir weiter, wie wir das aufteilen.« »Pass auf, der bescheißt. Kann ich mal mitfahren?« »Ja wenn Du willst, aber kannst Du das denn?« »Kannst Du es?« »Nein, ich habe sie hergeschoben?« »Dann kann ich es.« »Also ,Du musst links die Kupplung ziehen und sie mit den Pedalen drehten und anschieben, dann lässt Du die Kupplung los und dann sollte sie laufen und …, Aber Pejoph, warte doch!« Doch der Pejoph war schon die Tür draußen und hörte Willys letzte Erläuterungen darüber, wie man die Quickly abstellt und zum Stehen bringt, nicht mehr. »Also, Du musst rechts den kleinen Hebel ziehen, der ist etwas versteckt, dann stellt der Motor ab und Du kannst bremsen oder ist es umgekehrt?«, doch dies sagte der Willy, vor sich in den großen Spiegel schauend, nur noch zu sich selbst. Niemand mehr war im Herrensalon, der ihm hätte zuhören können.

Erstaunlich schnell brachte der Pejoph die Quickly zum Laufen. »Schön, sie läuft«, sagte sich der Willy, »das hätte ich gar nicht gedacht.« Er hatte sie noch nie laufen gehört und der Bender Franz sagte, »ob sie läuft, das weiß ich nicht wirklich, das musst Du einmal ausprobieren. Aber pass auf, es ist nur wenig Benzin im Tank.« »Na, das wäre ja dann auch geklärt«, war der Willy sichtlich zufrieden. »So schlecht kann dieses Geschäft gar nicht werden.« Die Quickly mit dem Pejoph drauf fuhr unter einem riesigen Getöse los. »Etwas mit dem Auspuff kann da nicht stimmen«, dachte der Willy, »aber das ist nicht so schlimm.« Der Pejoph dachte, dass der Krach so sein müsste. Zunächst drehte er zaghafte Kreise, immer die Füße über den Boden schleifend, dann wurde er zunehmend wagemutiger und gab etwas mehr Gas, die Quickly beschleunigte. Angelockt durch den Höllenlärm kamen erst die Bayer's Maria, dann die Schmücker Anna. Zunächst abwartend, dann, je mutiger der Peojob wurde und je lauter der lachte und feixte, kamen auch diese alten Weiber, wie man hier sagt, aus sich heraus und feuerten den mutigen Fahrer nur noch mehr an. War das ein Hallodri auf dem freien Platz, »man meint, es sei Fasnacht«, dachte der Willy. Ihm war es recht. Die Quickly lief, der Pejoph hatte seine Freude. Der Willy hatte sie auch.

»Ist das da draußen der Pejoph?«, fragte der große Baumann, als er hinter den Willy tritt, um ihn einzuseifen. »Ja unüberhörbar.« »Ist die Quickly ihm?« »Nein, mir, das heißt dem Bender Franz und mir, ich erzähl es Dir gleich, wenn der Pejoph wieder hereinkommt.« Aber der Pejoph dachte nicht ans Hereinkommen. Er fuhr Runde um Runde und schrie auf einmal: »Wo stellt man das Ding ab?« Doch das ging im allgemeinen Lärm unter. Also schrie er nochmals lauter »Wo stellt man das Scheißding ab?«. »Du, ich glaube der Pejoph fragt, wo man die Quickly abstellt«, sagte der große Baumann zum Willy. »Rechts an dem kleinen Hebel soll er ziehen, ich wollte es ihm ja noch sagen. Aber er war schon draußen.« Der große Baumann ging zum Fenster »Pejoph, Du musst rechts an dem kleinen Hebel ziehen.« »Wo verdammt nochmal?« »Rechts an dem kleinen Hebel ziehen sollst Du«, schrie der große Baumann nochmals und die alten Weiber gackerten es mehrmals nach. »Zieh am Hebel, Pejoph, einfach am Hebel ziehen!«

»An was für einem?« »Zieh einfach« »Da kann nicht viel passieren«, sagte noch der Willy, »denn da ist ja kaum Benzin im Tank, das wird gleich von selbst abstellen.« Aber das konnte der Pejoph weder hören noch wissen und so entschloss er sich, das blöde Im–Kreis-Fahren einfach einmal aufzugeben und gerade auf die Hauptstraße hinauf in den Schlauch zu fahren. Wo dann die Katastrophe passiert sein muss.

Kaum war der Pejoph aus dem Blickfeld seines begeisterten Publikums verschwunden, da hupte ein Auto wie wild, Reifen quietschten, Hühner schrien und stoben auseinander, so dass sogar zwei völlig kopflos auf dem freien Platz vor dem Friseursalon auftauchten, die Bayer's Marie und die Schmücker's Anna stimmten in ein metallisches Schreien wie trauernde Klageweiber ein. Der Willy, mittlerweile eingeseift, sprang auf und rannte ans Fenster. Das alles ist erst wenige Minuten her, dem Willy kommt es wie eine Ewigkeit vor. »Sag einmal, sind das Deine Hühner?«, fragte der große Albert den Willy. »Das ist eigentlich nicht möglich, die sind ja eingesperrt, aber solche habe ich.« Die alte Bayer's Maria hatte nun auch die beiden noch auf dem freien Platz herumlaufenden Hühner eingefangen und hielt sie in Richtung Willy triumphierend in die Höhe. »Na, das scheinen doch Deine zu sein?« »Möglich, aber das kann gar nicht sein. Ist dem Pejoph was passiert?« Und noch bevor die Bayer's Maria antworten konnte, kam der Pejoph um die Ecke gerannt, atemlos. »Albert« schrie er »komm« »Gott sei Dank, dem Pejoph ist nichts passiert«, rief der Willy entspannt. Aber von der ganzen Aufregung völlig kraftlos geworden, ließ er sich wieder in den Frisierstuhl fallen. »Gott sei Dank, das hätte ich mir nie verzeihen können.«

Der Pejoph riss die Tür zum Herrensalon auf und wiederholte ganz aufgeregt, »Albert, komm, Du musst den untersuchen.« »Was muss ich?« »Du musst den untersuchen, der will einen Arzt.« »Aber das bin ich nicht.« »Das brauchst Du auch nicht, Du musst den nur untersuchen, komm einmal vor die Tür«, und der Pejoph zerrte den großen Baumann, ihn fest am

Arm packend, vor die Haustür. Kaum stand der große Albert in seinem weißen Kittel, der Pejoph neben ihm, oberhalb der kleinen Treppe vor der Tür, da kommt schnellen Schrittes ein Fremder um die Ecke. Großgewachsen, schlank, in einem Tweed-Anzug ganz nach englischem Vorbild gut gekleidet. Atemlos, leicht schwankend bleibt der vor dem weißbekittelten großen Baumann stehen. »Herr Doktor, ach, gut, dass Sie so schnell zur Stelle sind. Darf ich mich vorstellen, mein Name ist Baron Konrad von Ritter, meine Freunde sagen Conny zu mir. Unter Willhelm zwo war ich Rittmeister, im letzten Krieg habe ich mit Baron von Böselager in der Reiterstaffel der dritten Armee gedient, jetzt bin ich Privatier. Ich kam hier durch, weil ich den hiesigen Grafen besuchen will, von Eltville komme ich. Gestatten«, dabei schlägt er knallend mit den Hacken aneinander, »ich habe die Ehre«, sagt er mit etwas schwerer Stimme und gibt dem großen Albert mit einer tiefen Verbeugung die Hand. »Baumann, grüß Gott Herr Baron«, antwortet der große Albert, ebenfalls mit einer perfekten Verbeugung.

»Ich bin froh, dass Sie da sind, Herr Doktor Baumann.« Der Herr Baron lässt den großen Albert gar nicht näher zu Wort kommen und fährt gleich weiter, »Es tut mir so leid, was passiert ist. Ich bin mit meinem riesigen Horch, Baujahr 36 müssen Sie wissen, Vorkriegsqualität, wie man so sagt, von oben gekommen, der Wagen ist groß und schwer und die Bremsen greifen nicht mehr so gut, die Straße ist eng, aber ich hatte Vorfahrt, als der Herr da mit dem Moped von unten kam, Gott sei Dank habe ich ihn gar nicht berührt, aber dann kamen da auf einmal die Hühner links aus dem Hof, eine völlig unübersichtliche Situation, weil mindestens zwei von diesen Hühnern mir direkt vor die Frontscheibe flatterten. Leider haben das folgende Fahrmanöver einige der Hühner mit dem Leben bezahlt, doch das soll dem Besitzer keinen Schaden sein.« »Das sind dem Willy seine Hühner, das sind Zuchthühner höchster Qualität«, mischte sich der Pejoph ein. »Mag sein, verehrter Herr, und dem Herrn Züchter soll ja auch kein Schaden entstehen. Aber bei meiner Ehre kann ich es nicht hinnehmen, dass Ihre Dorfbewohner, Ihre Patienten, Herr Doktor, behaupten, ich sei angetrunken.« »Besoffen ist der, besoffen wie eine Haubitze«, präzisierte der Pejoph schroff. »Nein, das bin ich nicht und der Herr Doktor wird das jetzt und hier auch bestätigen, und zwar schriftlich«, gab der Herr Baron energisch zurück.

Dass der Herr Baron, gelinde gesagt, stark angetrunken ist, merkte man bereits an seiner Fahne, die jeden Trinkfesten bereits in einen leichten Rausch versetzt hätte. Während also der Baron das weniger Wahrscheinliche, nämlich, dass er an dem Unfall schuld war, ohne zu zögern zugab und zum Schadensersatz bereit war, leugnete er das Offensichtliche und wollte dies auch noch bestätigt haben. »Sind die Hühner bezahlt?«, fragt der große Albert nochmal nach. »Ja, hier ist das Geld« und der Pejoph kramt aus seiner Hosentasche mehrere Scheine hervor. Auf dem ersten Blick war zu erkennen, dass dies der Gegenwert für Hühner ist, die goldene Eier legen können. »Ist sonst noch ein Schaden entstanden, am Horch oder an der Quickly?«, wurde der Doktor Baumann zunehmend förmlich. »Nein, kein Schaden«, bestätigen der Herr Baron und der Pejoph einvernehmlich. »Gut, dann schreiten wir zur Untersuchung«, sagte der große Baumann zur außerordentlichen Überraschung aller Umstehenden. Auch der Willy, der sich mittlerweile wieder so weit erholt hatte, dass er in seiner alten Maskerade erneut ans Fenster kommen konnte, war völlig verwundert.

»Sind Sie damit einverstanden, Herr Baron, dass wir die Untersuchung gerade hier vornehmen oder wollen Sie, dass wir in meine Klinik fahren, was natürlich größeres Aufsehen verursachen würde?« »Wir machen es gerade hier, es wird ja nicht so lange dauern.« »Gut, können Sie einmal Ihr Hemd öffnen und die Brust freimachen?« Der Baron tat, wie ihm geheißen, der große Baumann legte sein Ohr an des Barons Brust, »So und jetzt einmal die Luft anhalten, ja, so ist es gut, jetzt langsam ausatmen und wieder die Luft anhalten. Na, das hört sich ja alles ganz ordentlich an. Könnten Sie einmal drei Kniebeugen machen?« »Aber sicher!« Der Baron ging wie auf einem Exerzierplatz völlig akkurat mit im neunzig Grad Winkel nach vorn gestreckten Armen und kerzengeradem Rücken in die Hocke, wobei er nur beim Aufstehen leicht aus der Balance kam. »Naja, Herr Doktor, so ganz wie früher ist es halt nicht mehr.« »Das ist klar. Wie alt sind Sie Herr Baron, wenn ich fragen darf?« »Dreiundsechzig.« »Na, dafür sehen Sie aber hervorragend aus, Sie haben eine ausgezeichnete Konstitution.« »Danke, sehr vielen Dank, Herr Doktor« »Sind Sie verheiratet?« »Ja und liiert auch noch, Sie wissen, was ich meine. Ich stehe also an mehreren Fronten meinen Mann, wenn ich das einmal so sagen darf, Herr Doktor, oh, Entschuldigung die Damen.« »Bitte tippen Sie jetzt mehrmals mit dem Zeigefinger der rechten Hand an die Nasenspitze, jetzt bitte mit der linken Hand.« Jedes Mal tippte der Baron daneben, der Herr Doktor überging dies. »So, sehen Sie den schwarzen Strich, da auf dem Asphalt?« »Aber natürlich, Herr Doktor, und jetzt wollen Sie, dass ich darauf balanciere.« »Ja bitte.« Der Herr Baron tat auch das, wie ihm geheißen.

»Geh und hole einmal Papier und Schreiber!«, bittet der große Albert den kleinen, der sich ebenfalls zu der wachsenden Anzahl von staunenden Zuschauern gesellt hat. »Warte, hier ist alles« reichte es der Willy aus dem Fenster nach draußen. »Also, Herr Baron, es besteht gar kein Zweifel daran, dass Sie nicht betrunken sind. Sie sind zwar nicht völlig nüchtern, aber Sie sind so klar wie das Wasser unseres Baches. Sie sollten nur nicht mehr weit fahren, wegen der Aufregung, verstehen Sie, nur wegen der Aufregung.« »Oh, vielen Dank, Herr Doktor, Sie sind ein guter Mediziner, wo praktizieren Sie eigentlich, hier in diesem Haus dort hinten? Aber nein, das ist ja ein Friseursalon. Nein, weit fahre ich nicht mehr, nur zum Herrn Grafen hier im Ort, also nur wenige Schritte.« Der große Albert stellte die Bescheinigung aus und überreichte sie dem Herren

Baron. »Sagen Sie, Herr Doktor«, beginnt der erneut, »Ist nicht dort vorn ein Gasthaus?« »Ja, das Weiße Roß« »Und das hat doch sicherlich offen?« »Ja« sagte der Pejoph, »das ist auf.« »Also dürfte ich nicht Sie, Herr Doktor, und Sie«, wobei er sich gegenüber dem Pejoph verneigte, »als nur leicht geschädigtes Unfallopfer zu einem kleinen Umtrunk einladen, damit wir uns die Aufregung etwas von der Seele waschen können?« »Ja, aber der Willy muss auch mit« »Wer ist denn das?« »Der da«, und der Pejoph zeigt zum Willy am Fenster, »weil dem gehören die Zuchthühner.« »Ja, dann ist der Herr natürlich auch eingeladen.« »Bitte, Herr Baron, fahren Sie einmal Ihren Wagen hier auf den freien Platz. Der Herr hier wird mit Ihnen schon zum Weißen Roß gehen. Der Hühnerbesitzer und ich kommen nach.« »Aber gerne«, versicherte der Herr Baron.

Nachdem der Willy rasiert war, gingen der große Albert und er auf ein kleines Gläschen ins Weiße Roß. Im Herrensalon war niemand, und wenn jemand kommen würde, so würde das die Mijou erledigen. »Wunderbar, Herr Doktor, dass Sie sich auch die Zeit genommen haben und Ihnen Herr … – wie war noch Ihr Name?« »Klein, Willy Klein« »Darf ich Ihnen gegenüber, lieber Herr Klein, mein ausdrückliches Bedauern ausdrücken, es tut mir sehr leid wegen Ihrer Hühner.« sagte der Baron. »Ach Herr Baron, ich werde neue kaufen. Mir sollte es eigentlich leidtun. Ich kann gar nicht verstehen, wie meine Hühner da ausreißen konnten.« »Naja, das kann ja mal vorkommen, ich reiße meiner Frau auch öfters mal aus, obwohl die immer wieder versucht mich einzusperren, nicht wahr, Herr Doktor. Also darauf sollten wir trinken, hat jeder? Auf Ihr Wohl, meine Herren« »Und auf die Hühner vom Willy!«, rief der Pejoph.

»Der Willy war völlig verängstigt und besorgt, also Du da einmal mit der Quickly verschwunden warst und es so aussah, als sei etwas passiert. Am ganzen Körper hat er gezittert und geweint hat er auch. Er hat sich riesige Sorgen gemacht.«, bemerkt der große Baumann zum Pejoph, der neben ihm seinen Platz hat. »Ja, das ist bei ihm so. Das hat sicher mit dem Vorfall zu tun.«

»Was für einen Vorfall?« »Weißt Du das nicht, naja der Willy redet nicht darüber.« »Zum Wohl, meine Herren«, unterbrach der Baron das Gespräch. Er schien jetzt so richtig in Fahrt zu kommen, »zum Wohl, Herr Doktor.« »Danke, zum Wohl, Herr Baron.« »Was für einen Vorfall?« »In den letzten Kriegstagen bei der letzten Bombardierung von Frankfurt muss es passiert sein, da wurde der Willy im Keller verschüttet. Drei Tage war er unter den Trümmern lebend begraben. Nur durch Zufall hat man ihn entdeckt. Nur er hat überlebt. Seine Mutter lag neben ihm, am zweiten Tag ist sie gestorben. Er konnte nichts für sie tun. Er war völlig eingeklemmt und musste ihr langsames Sterben hilflos mitansehen.« Und jetzt schien es, als würden dem Pejoph, dem ungehobelten Kloben seine Augen etwas glasig werden. Vom Alkohol? Vielleicht. Vielleicht aber auch wegen des Unglücks, das der kleine, schmächtige und zartgliedrige Willy Klein hat erleiden müssen und das ihm, dem starken Pejoph, schon mehrfach in der Nacht in Träumen zu schaffen machte und den Schlaf raubte.

Der Sizilianer

»Du meine große Liebe, Du«, memorierte er immer wieder. »Betone ich das alles richtig? Muss nicht das Wort ›Liebe‹ stärker betont werden, denn das ist ja das Wichtigste oder vielleicht doch eher das ›Du‹, denn sie will ich ja ansprechen. Ach, die deutsche Sprache ist furchtbar, wer kann das je lernen? Das Chinesische kann nicht so schwer sein, denn immerhin sprechen das ja mehr als eine Milliarde Menschen, das Englische muss leicht sein, schließlich ist es ja die Weltsprache, und das Italienische ist leicht, kinderleicht, sonst würde es ja nicht jedes Baby bei uns zu Hause können, und so wunderbar melodisch ist unsere Sprache. Richtige Worte und Gefühle zur Liebe kann man nur in Italienisch ausdrücken. Das Deutsche mag ja zwar zum Kommandieren geeignet sein. Kurze zackige Befehle kann man damit geben. Aber die Liebe ausdrücken, sie umschreiben, sein Herz nach außen drehen, das kann man nur in Italienisch. Soll ich vielleicht ›amore‹ sagen, ›Du meine große amore, Du‹? Aber das wird sie nicht verstehen und dann wäre alles verloren. Sie würde dann womöglich denken, dass ich sie lächerlich machen will. Also ancora, nochmal: Du meine große Liebe, Du.«

Während er diese fünf Worte so eins ums andere Mal gedanklich vorspricht, betrachtet er sich im Spiegel des Herrensalons. Gerade ist er allein, da kann er alles in Ruhe genau üben. Wie ein großer stolzer spanischer Stierkämpfer wirft er sich in Position, der Francesco, der kleine Sizilianer. Ein scharf geschnittenes Gesicht mit Ecken und Kanten. In der Mitte die sprichwörtliche italienische Hakennase. Sie verleiht ihm ein markantes Äußere, nicht unsympathisch. Überhaupt ist nicht unsympathisch, was da aus dem Spiegel ihm entgegenblickt, nur halt etwas klein ist das, für mitteleuropäische Verhältnisse jedenfalls. Das weiß der Francesco auch. Und deshalb versucht er es ja mit anderem wieder wettzumachen, indem er versucht zu seinen Mitmenschen besonders aufmerksam und freundlich zu sein, ihnen zu helfen, Anteil zu nehmen an ihren Problemen.

Dass die meisten Menschen das aber falsch verstehen und glauben, er wolle sich in den Mittelpunkt spielen, was kann er dafür? Soll er sich deswegen immer nur still in die Ecke stellen?

»Oder soll ich vielleicht doch besser sagen ›Du mein großes Bumsen, Du‹. Kann das stimmen? Aber die Mijou hat ›bumsen‹ gesagt, da bin ich mir ganz sicher.« Vor einer Woche, an einem Samstagnachmittag, die Mijou und er waren gerade alleine im Herrensalon, wo normalerweise die Mijou hinter dem großen grünen Frisierstuhl steht und den jungen Herren die Haare schneidet und er links daneben, am Aushilfsplatz, an dem er den Kindern und alten Männern einen Fassonschnitt verpasst, da hat er sie, als niemand da war, gefragt »Du, Mijoue«, er hängt an viele deutsche Wörter ein ›e‹ an, warum, das weiß niemand, »heißt es Liebe oder Liebe machen?« Beides hatte er schon gehört und so wie das »Liebe machen« klang, war scheinbar damit etwas anderes gemeint. Der Francesco war sich daher nicht sicher, ob er sagen sollte: »Du meine große Liebe, Du« oder ob es heißen muss »Du große Liebe machen, Du« oder vielleicht ja auch »Wir große Liebe machen, Du«. Woher hätte er das ja auch so genau wissen sollen? Also hat er gefragt.

Im ersten Moment war die Mijou ziemlich perplex. Aber sie wartete noch ab, weil sie sich erst sicher sein will, um was es denn hier geht. Sie kennt sich. So kurz vor ihren Tagen ist sie leicht aufgebracht. Da braucht es nicht viel und sie geht ab wie eine Rakete. »Das hat aber jetzt nichts mit meiner Mens zu tun«, schießt es ihr durch den Kopf. Und sie geht ab, eben wie eine Rakete. Das Problem ist, dass die Mijou nur einen Teil dessen, was der kleine Sizilianer sagte, mitbekommen hat, und zwar nur das »Liebe machen«, nicht mehr. Deswegen überkommt sie jetzt ein ziemlicher Anflug von Säuernis, von Zorn, einem Gefühl, das sie sonst, wenn sie eben nicht kurz vor der Mens steht, nicht so kennt, denn eigentlich ist sie von Natur aus heiter und gelassen. »Aber was zu viel ist, das ist zu viel. Ja, ist der jetzt ganz verrückt geworden, bekommt dem die Luft hier nicht? Will der was von mir? Will der mich anmachen?«, denkt sie in ihrer Aufgeregtheit, missversteht ihn und wird dann auch gleich deutlich, ziemlich deutlich. »Meinst Du das?« fragte sie zurück, indem sie die Finger der linken Hand in Gegenrichtung zum Daumen krümmt, so dass oben eine Öffnung zu sehen war, und mit der flachen rechten Hand haut sie mehrmals auf das Loch, so dass ein klatschender Ton zu hören war. »Meinst Du bumsen?«, fragt sie, »so bumsen?« Dieses Wort hatte der Francesco noch nie gehört. »Bums« ja, das hatte mal ein deutscher Kollege gesagt, als ihm eine Kiste mit vollen Wasserflaschen auf den Boden gefallen ist und fünf Flaschen davon zerplatzten. Aber im Zusammenhang mit dem Wort ›Liebe‹ war ihm so etwas wie ›bumsen‹ noch nie zu Ohren gekommen.

Die Mijou war da, das muss man bemerken, sehr direkt. Wer kann es ihr verdenken? Von Ovids tausende Jahre alten in Versen verpackte Weisheiten über die wahre Liebe hatte sie ebenso wenig etwas gehört wie von der Möglichkeit einer romantischen Form der Anbahnung einer Liebesbeziehung, und was ein platonisches Liebverhältnis zwischen Mann und Frau sein sollte, das war ihr völlig fremd. In ihren Augen hätte so etwas ja auch überhaupt keinen Sinn gemacht. Genau deshalb, nicht wegen des Platonischen sind ja schließlich Mann und Frau zusammen. Deswegen wollen ihr ja auch alle Männer an die Wäsche. Das weiß sie genau, das bekommt sie jeden Tag zu spüren, und deshalb kann sie das mittlerweile zehn Meter gegen den Wind riechen und da weiß sie sich auch dagegen zu wehren. Sie überhört und übersieht das meistens, das ist das Einfachste, und man stößt die Trinkgeldgeber hier im Herrensalon jedenfalls nicht vor den Kopf.

Zugegeben, so mancher Frosch hatte sich nicht als Prinz, sondern als tollwütiger Karnickel herausgestellt, aber das hat sie jedes Mal noch rechtzeitig gemerkt und die Gefahr abgebogen. »Puh, dass jetzt auch noch der Francesco damit anfängt! Der alte Knacker, wie alt ist der denn überhaupt? Weiß der, dass ich neunzehn bin? Also, das mit den Italienern wird jetzt hier wirklich des Guten zu viel. Hier so als Aushilfs-Kollege am Samstag ist er ja gut und recht, aber so muss er mir nicht kommen. Ich weiß noch genau, wie der Herr Baumann, der große Baumann, mich eines Samstagsnachmittags rief und auf einen frisch geschnittenen Herrnkopf deutete »Was hältst Du davon, Monika?«, hat er gefragt. »Prima. Das ist zwar nicht unser Stil, aber es ist ein sauberer Schnitt, schöner gleitender Nackenschnitt, ordentliche Übergänge, schöne gleichmäßige und passende Längen, haben Sie das gemacht?« »Nein, der da«, und dabei hat er auf einen kleinen Mann in einem viel zu großen grauen Anzug gezeigt.

»Der?« »Ja. Francesco heißt er und aus Sizilien kommt er. Seit drei Monaten ist er hier, spricht kaum Deutsch. Der da«, und dabei zeigt er auf einen langen Dünnen, der mit dem kleinen Francesco gekommen ist, »hat vorhin ›Auf Wiedersehen‹ gesagt, als sie hereinkamen. Beide arbeiten in der Mineralwasserfabrik, sie sind verschwägert. Der Kleine da ist gelernter Friseur. In seinem Beruf darf er aber hier nicht arbeiten und er fragt, ob er sich samstags nachmittags hier nützlich machen kann. Er schneidet gerne Haare. Wer könnte das besser verstehen als wir? Was meinst Du?« »Was drauf hat er, das sieht man mit einem Blick, wirklich sauber geschnitten, und Hilfe könnten wir gebrauchen. Meinen Sie aber, dass sich jemand von ihm die Haare schneiden lässt, ich meine von einem Italiener?« »Tja, das wird das Problem sein. Nicht jeder wird sich von ihm bedienen lassen, aber das könnten wir ja steuern und einen Versuch wäre es wert.« »Wenn Sie meinen, Chef, Sie müssen das entscheiden, aber an mir soll es nicht liegen«, hat die Mijou damals gesagt und damit grünes Licht für einen weiteren Mitarbeiter im Herrensalon gegeben.

»Aber grundsätzlich, so ganz grundsätzlich meine ich«, so denkt sie jetzt, »muss man ja sagen, wie viele von denen wollen denn da noch kommen? An jeder Ecke lungern sie in Gruppen herum, Italiener, Griechen, Spanier, und wenn man an denen vorbeigeht, machen sie dumme Sprüche. Ich kann natürlich nicht verstehen, was sie sagen, aber ich weiß, was sie meinen.«, da ist sich die Mijou sicher. »Ja, sind die denn nicht zum Arbeiten da? Und dann – wie können die denn so viel Zeit haben, um immer nur dumm rumzustehen? Kein Wunder, die sind faul, und kein Wunder sagen alle, dass wir mit denen, den Italienern, den Krieg nie und nimmer haben gewinnen können. Auf schöne Uniformen sollen sie Wert gelegt haben und aufgepasst sollen sie haben, dass sie sich ja nicht dreckig gemacht haben. Vermutlich verhalten sie sich auch so beim Arbeiten. Naja, der eine oder andere von denen sieht ja durchaus ganz gut aus. Groß, schwarz haarig, lässig. Tja, bei so einem Gutaussehenden könnte man ja schon einmal schwach werden, aber doch nicht bei dem Francesco, dem kleinen Sizilianer da, ja, spinnt der denn, das Arschloch ist der völlig übergeschnappt?«, denkt sie sich in Rage.

Gerade wollte der Francesco ansetzen und fragen »Wie meinst Du das mit dem Bumsen, Mijoue?«, als sie hereinkam, sie, um die es eigentlich geht, sie derentwegen er sich so Gedanken über die Liebe macht, sie, die er so stürmisch, wie nur ein südländisches Herz dazu in der Lage ist, liebt. Sie ist es, die da hier und jetzt nahezu leibhaftig vor ihm steht. »Madonna, bin ich eccitato, nervös, sagt man, glaube ich, hier dazu. Meine Hände beginnen zu schwitzen. Jetzt kann ich unmöglich die Mijoue fragen, wie und was ich sagen soll.«

Sie, deren runde Gestalt, deren kräftige Hüften, deren breites slawisches Gesicht mit den hohen Backenknochen und den gesunden roten Wangen, deren kräftige zupackende Hände und vor allem deren herzhaftes, befreiendes Lachen, das er schon ein ums andere Mal den Genuss zu hören gehabt hat, sie, die sie ihm nachts nackt mit ihren großen schweren Brüsten, ihrem vollen, zu langen Zöpfen gebundenen Haar, ihrem kräftigen, aber immer noch straffen, strammen Hintern im Traum erscheint, ihn erregt, ihm den heißen Schweiß auf seinen kalten Körper treibt, und wenn er dann so vor Erregung wach wird und wenn ihn dann sein rasender Herzschlag nicht mehr einschlafen lässt, weil er sich keine Beruhigung verschaffen kann, denn schließlich schläft er mit seinem Schwager zusammen in einem knapp zehn Quadratmeter großen, einfach nur geweißten Raum mit einem kleinen Fenster, das zu allem Überfluss auch noch vergittert ist, wegen Einbrechern, wie es heißt, ja wer wird denn da auch noch einbrechen wollen? Zehn solcher Zellen gibt es für je zwei Mann, alles Süditaliener, nicht alle sind Sizilianer, was die Sache nicht gerade einfacher macht. Der Schwager schläft oben, er, der Francesco, liegt in dem alten Doppelstockbett unten. Bei jeder auch nur kleinsten Bewegung quietscht das Bett.

Letzten Donnerstag wollte er sich wegen eines solchen Traums befriedigen, um wieder einschlafen zu können. Also ging er hinaus in die Gemeinschaftstoilette. Er musste nicht lange aufmerksam lauschen, um mitzubekommen, dass da schon ein anderer an eine Frau dachte. Sollte er jetzt sein Gefühl, seine innere Erregung öffentlich zur Schau stellen, sie quasi mit dem anderen teilen? Nein, das kam für ihn nicht in Frage. Also ging er wieder hinaus, schlüpfte unter die Decke und es fror ihn entsetzlich.

Überhaupt friert er hier ständig. Alles ist kalt hier. Selbst die Farben, die er wahrnimmt, sind kalt. Wie anders ist es da in seiner Heimat, in Sizilia. Direkt am Meer wohnte er dort, ein kleines Haus hat er, oberhalb an den Klippen. Wenn er morgens wach geworden ist, hat er aufs blaue Meer geschaut, das Spiel der Wolken beobachtet und an ihnen das Wetter des kommenden Tages abgelesen. Auf die Piazza ist er gegangen und hat sich einen Kaffee gegönnt und dabei ganz nebenbei mit seinen Nachbarn, Freunden und Bekannten die gesamte Weltlage eingehend erörtert. Ja, hätte ihn da nur der amerikanische, russische, britische und natürlich der italienische Präsident hören können, hätten sie nur seine Ratschläge aufgenommen und befolgt, die Welt würde heute anders, besser aussehen und er müsste nicht hier sein.

»Immer ist es auf Sizilien warm«, denkt er jetzt, »In einzelnen Winternächten natürlich nicht. Doch dann konnte ich unter der Decke zu meiner Antonella rutschen, oh, wie warm ist ihr Fleisch und wie wohlig ist es, ihre Haut an meiner zu spüren.« Obwohl sie gleichgroß ist wie er, hat sie dreimal mehr Fleisch als er auf ihren Knochen, ein Umstand, den er ganz besonders an ihr schätzt und liebt. Ganz schnell ist es auch ihm dann immer warm geworden und manchmal, ja manchmal hat er sich dann auch noch zu ganz Verwegenem hinreißen lassen.

»Ja«, denkt er, »ich bin verheiratet. Daraus habe ich ja auch nie ein Hehl gemacht. Wie sollte ich sonst auch mit meinem Schwager hier sein? Aber wir sind getrennt, meine Frau und ich, meine liebe Antonella und ich. Wir leben nicht nur in anderen Ländern, wir leben auf fremden Sternen. Das eine ist so verschieden von dem anderen, dass es nicht die gleiche Erde sein kann. Meine Antonella ist hunderte von Kilometern entfernt, die Straße von Messina mit ihren Untiefen und ihren riesigen Wassermassen, welche seit Jahrtausenden einer Strömung rund um den Globus folgen, trennt uns. Nein, abgeschnitten sind wir. Sie dort, ich hier. Sie in der Wärme, ich in dieser unwirklichen Kälte. Und hat der Herr Jesus das, was ich mir da so vorstelle, wirklich verboten. Darf ich mich wirklich hier nicht nach etwas Wärme umsehen? Nur so lange ich hier bin. In Sizilia ist und bleibt meine Antonella meine Frau. Nein, der Herr Jesus hat es nicht verboten. An keiner Stelle der frohen Botschaft steht es.

Die Pfaffen predigen es zwar jeden Sonntag von der Kanzel, aber die wissen ja nicht über das Leben Bescheid und die wissen nicht, wie kalt es auf einem anderen Planeten sein kann. Und schließlich und endlich begehre ich ja auch nicht meines Nächsten Weib, wie es die Gebote verbieten. Sie ist alleinstehend. Ihr Mann soll schon lange verstorben sein. Also, wer soll da etwas dagegen haben? Und kümmern würde ich mich auch um sie. So gut ich eben kann. Natürlich muss ich wie immer das meiste nach Haus schicken. Nein, der Herr Jesus, unser guter Hirte, würde in seiner unendlichen Liebe und seiner unendlichen Weisheit uns niemals Dinge verbieten, die wir zum Überleben brauchen. Hat er uns jemals Wasser und Brot verboten? Nein, hat er nicht. Er hat sogar Manna vom Himmel regnen lassen, als wir es brauchten. Und ist es ein Zufall, dass ich sie, diese schöne, warme Frau hier bei Chefe Albert treffe, im Friseursalon. Der einzige Ort hier, wo ich mich wohlfühle. Bei den einzigen Menschen hier, mit denen ich mich vertraut und heimisch fühle. Wie warte ich tagtäglich auf den Samstagnachmittag, wenn ich mich waschen, umziehen kann und in meinem Anzug in ›mein‹ Geschäft gehen kann!

Gott, dem Herrn, sei Dank, haben sich die Bedenken, dass sich niemand von mir die Haare schneiden will, nicht bewahrheitet. Ganz im Gegenteil! Extra wegen mir kommen einige Kunden hierher, auch einige Italiener. Oder kommen die vielleicht wegen der Mijoue? Neulich hat einer gesagt, dass er von ihr bedient werden will. Nun egale, sollen sie machen, was sie wollen. Ich fühle mich hier wohl und vielleicht ist dieser Friseursalon und sie, diese Frau, ja auch so eine Art Manna, das ich jetzt brauche und das mir, nur mir der Herr Jesus persönlich schickt? Und das soll ich verweigern und nicht annehmen? Das wäre ja Frevel! Und gibt uns nicht der Herr das, was wir bedürfen? Und ist es nicht so, dass wir selbst an den schlimmsten Fastentagen das zu uns nehmen dürfen, was wir zum Leben brauchen? Basta und nochmals basta, ich werde es tun, ihr meine Herz ausschütten und sie fragen. Nächsten Samstag muss es sein, nächsten Samstagabend wird es sein!« So denkt er vor sich im Kreis, und bevor er sich versieht, ist es morgen geworden. Also steht er auf und geht an die Arbeit. Heute in der gefestigten Überzeugung, dass er das einzig Richtige vorhat und dass er dafür auch noch den Segen des Herrn Jesus hat. Und deswegen wird er sie am nächsten Samstag fragen.

Jetzt geht sie ihm überhaupt nicht mehr aus dem Sinn. Morgens, mittags, abends und in der Nacht. Vor der Abfüllanlage, die er meist mehr als zwölf Stunden an Werktagen und samstags bis zur Mittagszeit überwachen muss, damit das Wasser ohne Probleme in die Flaschen kommt. Die Abfüllanlage macht einen Höllenlärm. In der großen Halle ist es so feucht, dass er immer in Gummistiefeln auf dem kalten, immer nassen Betonboden stehen muss. Hier denkt er an sie und es wird ihm warm und angenehm. Sie, deren Bild er ständig mit sich rumträgt und die ihm dadurch das Leben hier erträglich macht. Sie, mit der er noch kein einziges Wort gesprochen hat, raubt ihm den Verstand. Deswegen muss es ja auch heute passieren.

Sie also kam damals in den Herrensalon herein, als er sich mit der Mijou über das richtige Wort beraten wollte und wo die Mijou etwas von Bumsen sagte. Und da sie damals so unverhofft hereinkam, konnte er nicht mehr weiter die Mijou um Rat fragen. Und außerdem kamen da auch gleich noch zwei zum Haareschneiden. »Naja, an'altra volta, ein anderes Mal werde ich fragen«, dachte er damals. Aber er kam nicht dazu, die Mijou zu fragen, was denn nun besser, gescheiter und geschickter wäre bei dem, was er ihr sagen wollte, Liebe, Lieben oder Bumsen? Und jetzt war keine Zeit mehr dazu, »denn heute muss es sein. Heute werde ich sie fragen, keinen Tag länger oder besser gesagt, keine Woche länger warte ich mehr. Heute oder nie!«

Instinktiv entscheidet er sich dafür, das Wort ›Liebe‹ zu nehmen »es klingt einfach weicher, es klingt italienischer als das schroffe ›bumsen‹, nein, das kann es nicht sein, vielleicht hat sich die Mijou da vertan, ›Liebe‹ hat so etwas von amore, also werde ich ›Liebe‹ nehmen. Daher noch einmal, damit es auch sitzt: ›Du meine große Liebe Du‹« und wieder betrachtet er sich dabei in dem großen Spiegel an der Wand vor ihm. »Soll ich die rechte Hand dabei links an mein Herz drücken? Aber nein, das sieht vielleicht etwas zu sehr gekünstelt aus. Ich werde meine Arme breit ausstrecken, damit sie sieht, wie offen ich für sie bin, wie gerne ich sie drücken und umarmen würde. Hoffentlich ergibt sich gleich eine günstige Gelegenheit, ihr mein Herz auszuschütten und ihr alles zu sagen, denn heute muss es passieren.« Kaum dass er so gedacht hat, kommt sie die Tür herein und steht direkt vor ihm, im Herrensalon, so wie jeden Samstagabend, dann nämlich, wenn saubergemacht wird, dann, wenn normalerweise er, der Francesco, der große Baumann und der kleine Albert ins Gasthaus gehen, um etwas zu essen und um die Woche ausklingen zu lassen.

Außer der Zeit im Herrensalon liebt er diese wenigen Stunden ganz besonders. Denn dann im Gasthaus, da darf er unter den einheimischen Granden mit am runden Tisch sitzen, dann glaubt er, aufgenommen zu sein, hier im fernen, kalten Deutschland, so wie er es von zu Hause gewohnt ist, dann, wenn er da so sitzt, ist er nicht mehr der fremde, kleine Sizilianer, dann ist er der Francesco, der Freund des großen Baumanns, sein Mitarbeiter. Aber heute hat er gesagt »Chefe Albert, gehe Du schon, ich komme nach, ich hier noch putzen Schere und Kamm.« »Ach so,, ganz was Neues, aber wenn Du meinst, wir gehen in den »Schwan«.« »Ja, ich komme nach, vorne über der Brücke links« »Nein rechts, a destra« »Oh, Du sprechen Italienisch?« »Naja warum nicht?« »Also, Papa, sprichst Du jetzt wirklich auch schon Italienisch?«, fragt der kleine Albert bewundernd zurück. »Aber nein, nur ein paar Wörter, komm, lass uns gehen.« »Wir werden aber gleich bestellen, Francesco«, gab der kleine Albert zu bedenken, »wir haben nämlich riesigen Hunger.«

Jetzt steht sie vor ihm, niemand sonst ist hier, sie sind allein. Nicht für lange. Aber jetzt sind sie es. »Jetzt muss es sein, jetzt«, denkt der Francesco und will ausholen, als sie ihn in seinen Vorbereitungen stört »Guten Abend Francisco«. Sie sagt immer ›Francisco‹, weil sie weder Italienisch noch gut Deutsch kann. Sie ist Ungarn-Deutsche und nach dem Krieg aus ihrer Heimat, einem kleinen sauberen Landstrich im Süden Ungarns, aus ihrem Haus, von ihren Nachbarn, mit denen sie in Frieden zusammengelebt hat, vertrieben worden. Von einer auf die andere Stunde wurden sie, ihre betagte Mutter und ihre beiden kleinen Kinder vertrieben. Nichts konnten sie mitnehmen, außer dem, was sie auf dem Leib trugen. Froh waren sie, dass sie überlebt hatten und nicht das Schicksal vieler Unglücklicher teilen mussten, über welche die sich nun frei glaubenden Einheimischen schrecklich hergefallen sind. In langen aneinander gekoppelten Viehwaggons wurden sie zusammengepfercht mit vielen anderen abtransportiert. In stinkenden Viehwaggons ohne Wasser oder Brot, ohne einen Eimer für die Notdurft, fuhren sie tagelang in eine ungewisse Zukunft. Mitleidige teilten mit ihnen an Bahnhöfen, wo sie hielten, das Letzte, was sie hatten, und halfen die Leichen aus den Waggons zu tragen, um diese, so gut es ging, auf freiem Feld, in ungeweihter Erde, zu verscharren.

Nun leben sie hier zu viert in zwei kleinen Zimmern. Sie, Magdalena, ihre Mutter sowie ihre beiden Kinder. Fast alle im Dorf mögen diejenigen, die da aus der Fremde gekommen sind, nicht. Nicht die fremden Gastarbeiter und schon gar nicht die Flüchtlinge, »die ja niemand gerufen hat« wie viele Einheimisch völlig ungeniert sagen. Deshalb empfindet auch sie es hier als kalt. Weniger wegen der Witterung, mehr wegen der Isoliertheit und der Einsamkeit, in die sie sich verbannt fühlt. Aber sie beklagt sich nicht, denn sie und, wenn man so will, auch der Rest ihrer Familie sind bei den Baumanns gut untergekommen und genießen es, bei ihnen zu sein, ganz wie in einer Oase, welche rundherum von einem kalten Wind umweht wird. Sie hat hier bei den Baumanns um eine Anstellung nachgefragt und ist, weil der kleine Albert auf die Welt kam und die Arbeit zu viel wurde, auch gleich eingestellt worden. Heute ist sie der gute Geist und für alles, was nötig ist, zuständig. Ein Mitglied der Familie ist sie geworden und der kleine Albert sagt Tante Magdalena zu ihr, so wie es jetzt auch alle Friseusen machen. Alle anderen Baumanns sind mit ihr respektvoll per Sie. Ihre Tochter und ihr Sohn kümmern sich auch um dies und das. In so einem großen Haushalt gibt es immer etwas zu tun oder sie gehen mit dem kleinen Albert spielen oder spazieren. Er ist ihnen so etwas wie ein kleiner Bruder geworden.

Sie sieht so aus, wie es aus dem Traum des Francesco bekannt ist, auch wenn man berücksichtigen muss, dass die Schönheit immer im Auge des Betrachters entsteht und dass die erhebliche Überdosis an Testosteron, welches dem Francesco damals den Schlaf geraubt hat, auch etwas zu ihrer Verherrlichung beigetragen haben dürfte. Aber zweifellos, sie kann sich sehen lassen und sie ist eine stattliche Frau, von ihrer Statur und ihrem Wesen her. Deswegen haben sie auch schon mehrere Bauern, reiche und angesehene unter ihnen, umworben. Als mögliche Frau und als Arbeitskraft. Am liebsten gleich beides. Aber sie ist nicht darauf eingegangen, obwohl sich dadurch ihre Situation und ihre Stellung auf einen Schlag ins Positive gewandelt hätten. Sie hätte genug Platz zum Wohnen und sie wäre mehr früher als später als Bäuerin im Ort anerkannt worden. Aber sie wollte nie und will es nicht, denn sie kann ihn nicht vergessen.

Sie sieht ihn immer vor sich, ihn, ihren Mann. Sie sieht ihn in den vielen glücklichen Tagen und sie sieht ihn in den schlimmen, schrecklichen Stunden, wie er sie gleich in den ersten Kriegstagen verlassen musste. »Mach Dir keine Sorgen, Magdalena, das wird nicht lange dauern. Gott wird Euch beschützen und ich denke an Dich.« Es kam anders. Gott hat ihn nicht beschützt. Gleich beim ersten Gefecht wurde er von einer Granate zerfetzt. Auf einem anonymen Soldatenfriedhof ist das, was man von ihm noch fand, begraben. Sie teilt damit das Schicksal ihrer Mutter. Auch deren Mann, ihr Vater, fiel im Krieg, im Ersten Weltkrieg. Ebenfalls in einer der ersten Kriegshandlungen. Ihre Mutter hatte sie und ihre Geschwister damals ebenfalls allein großgezogen und ist keinem Mann mehr gefolgt. Und sie kann es nicht anders. Immer wieder sieht sie ihn vor sich. »Er ist ein guter Mann.« Sie denkt an ihn nicht in der Vergangenheit. Nicht in einem ›war‹, sondern immer in einem ›ist‹. Er ›ist‹ da, er ›ist‹ um sie herum. Sie spricht mit ihm und er antwortet ihr.

Sie hat nichts aus ihrem damaligen Haus mitgenommen, nichts außer seinem Bild, das hat sie von der Anrichte genommen und sich unter das Mieder geschoben. Alles andere war ihr nicht wichtig. Abgesehen davon hätten ihr die vielen

»Kontrolleure« sowieso das letzte Hab und Gut genommen. »Man hat mir dort viel genommen, aber nicht dieses Bild.« Das Bild ihres Mannes rettete sie über diese Grauen. Es gab ihr Halt, Würde und Stolz. Nun hängt es in einem ihrer beiden Zimmer an der Wand, rechts neben dem Kreuz. Nie käme es ihr in den Sinn, seine Ehre zu verletzen, immer will sie ihm würdig sein. Nicht dass auch sie nicht Stunden der Einsamkeit und der Verzweiflung kennen würde, nicht dass auch sie nicht die Zeit kennen würde, wo ihr die Mutter und die Kinder einen fehlenden Partner nicht ersetzen können. Aber diese Stunden gehen vorbei. Sie sind immer vorbeigegangen. Und wenn es schlimm wird, dann denkt sie an ihn, wie er sie hält und drückt. Ihr großer, gutaussehender, schnautzbärtiger, stolzer, stattlicher, gradgewachsener, guter Ungar, ihr Mann.

Und jetzt stehen sie sich hier gegenüber. Der kleine Francesco aus Sizilien und die stattliche Magdalena aus Ungarn. Er, der Francesco, der, wie er jetzt so aus dem Spiegel herausschaut, so gar nicht mehr wie ein stolzer spanischer Stierkämpfer aussieht, so gar nicht mehr wie in der Pose eines energischen Napoleons wirkt, sondern eher einem traurigen Harlekin gleicht, der melancholisch in der Manege steht und nicht recht weiß, wie und was er hier überhaupt anfangen soll. Das Zelt ist gefüllt, die Zuschauer sitzen erwartungsvoll auf ihren Bänken und es könnte losgehen, aber er weiß nicht mehr, was er sagen soll und ob er was sagen will. Eben war er sich noch ganz sicher. Doch jetzt sagt er nur: »Magdalena una momenta.« »Was ist, Francisco?« »Magdalena«, und es entsteht eine längere Pause, in der sie beide still in diesem Herrensalon, der Manege des Lebens, stehen, sich verwundernd in dem großen Spiegel vor dem grünen Frisierstuhl ansehen, bis er fortfährt: »niente, Magdalena, un bel niente.«

Der Künstler

»Noli foras ire! In te ipsum redi! In interiore homine latet veritas« über diesen Imperativ des bedeutenden Kirchenlehrers und Heiligen, Augustinus von Thageste, welchen der auf die Kernfrage unserer menschlichen Existenz: »Quid est veritas?« formuliert hat, hatte er vor gar nicht langer Zeit promoviert. Mit »summa cum laude«, also mit höchster Auszeichnung hatte er damals abgeschlossen. So zufrieden sein Doktorvater ganz offensichtlich mit ihm und seiner Arbeit war, so unzufrieden ist er mit sich selbst, denn eine Antwort auf die Frage, die ihn bedrängt und weswegen er dieses Werk angegangen ist, hatte er nicht gefunden. »Was ist Wahrheit« wurde Augustinus gefragt und der antwortete: »Geh nicht aus Dir hinaus! Kehr in Dich selbst zurück! Im Inneren des Menschen ist Wahrheit!« Mehr als dreihundertfünfzig Seiten hat er darüber verfasst. Unzählige Stunden hat er in alten verstaubten Büchern, in stickigen Bibliotheken bei Tag und meist in der Stille der Nacht nach Erkenntnissen gesucht und um Formulierungen gerungen. In vielen einsamen Gebeten hat er Gott angefleht, ihm einen kleinen Hinweis bei seiner Suche nach seinem persönlichen Weg zur Wahrheit zu geben. »Und dann kommt der daher und sagt mir, hier im Herrensalon, wie ich die Wahrheit finden kann, ja, was die Wahrheit ist.«, denkt er bei sich.

Heute ist er etwas später gekommen als üblich. Deshalb muss er zunächst warten. Normalerweise ist Warten nicht seine Sache. »Warten tut mir physisch weh, es bereitet mir Schmerzen, wie Zahnschmerzen.«, hat er schon oft scherzhaft zu seiner Umwelt gesagt, aber genauso gemeint. Deswegen kommt er immer zu einem Zeitpunkt in den Friseursalon, wo er weiß, dass »Schichtwechsel« ist, wie er sagt, und er der erste der neuen Schicht ist. Diesen Zeitpunkt hat er verpasst. Knapp, weswegen er sich zunächst ja auch geärgert hat. Aber jetzt, wie er sich so im großen Spiegel vor sich betrachtet, ist er froh für diese Zeit einer intensiven Beschaulichkeit, die sich so unverhofft entwickelt hat. Ganz links am Fenster sitzt er und schaut geradeaus in den Spiegel vor sich. Durch den alten Albert, der mit dem kleinen Albert, in liebender Zuneigung in vertrauter Enge links auf dem Aushilfsplatz, also mehr oder minder direkt vor ihm ruht, scheint er hindurchsehen zu können. Der Kopf des kleinen Albert liegt auf der Brust des Opas und hebt und senkt sich sanft in dem gleichmäßigen ruhigen Rhythmus, in dem der Alte die Luft ein- und ausatmet. Dieses Bild, diese Vertrautheit, diese endlose Zuneigung berührt ihn. Er wünscht sich an die Stelle des kleinen Alberts. Nie hat er diese Wärme erleben dürfen, die dieses Bild der in sich ruhenden, aufeinander vertrauenden Generationen nun vermittelt. Das Fundament der Zeit über Generationen hinweg bietet dem kleinen Albert ein stabiles, weiches Ruhekissen. »Ist es ein Zufall, dass die seit Generationen Albert, Albert Baumann heißen? Nein, das ist kein Zufall, dass die so stabil in sich ruhen, wie die das tun.« Wie hat er sich diese einander schützenden offenen Hände immer gewünscht! Auch er war umgeben gewesen von Opa, Oma, Vater und Mutter. Seine Mutter ist auch heute noch bei ihm. Aber deren Liebe, wenn man sie denn so nennen kann, haben sich nicht so gezeigt, wie er das nun hier vernimmt. »Es war eine Liebe der Belohnung, wenn ich funktioniert und Erwartungen erfüllt habe, und nicht eine Liebe des Einfach-so-Seins, eine Liebe ohne Wenn und Aber, eine Liebe, ohne eine Frage zu stellen, eine Liebe, einfach so sein dürfen, wie man in seinem Inneren ist, so, wie man sie hier spüren kann.

»Bin ich deswegen so geworden, weil ich das nicht hatte?«, und er schaut sich genauer in dem Spiegel an. Nun sieht er nicht mehr nur sein Äußeres, sondern vor ihm breitet sich in seinem Gesicht oder, besser gesagt durch dieses hindurch, sein Inneres, seine Seele aus. Klar und hell, scharfkantig, schwarz oder weiß, ohne irgendeine Unschärfe oder Schattierung. »Im Inneren des Menschen verbirgt sich die Wahrheit«, sagt er sich wieder. Die augustinische Quelle der Wahrheit: Das Innere des Menschen. Der Ort, wo sich der Einzelne mit Gott zu treffen vermag. Und vielleicht hat er schon damals, als er sich dieses

Thema seiner Doktorarbeit erwählt hat, unwissentlich geahnt, wie weit sein äußeres Bild, das, was alle hier von ihm wahrnehmen, mit der Wahrheit seines Inneren, das er jetzt hier im Spiegel beides nebeneinander stehend klar erkennt, einmal auseinanderfallen wird. »Wie lange kann ich diese Leute hier noch alle täuschen? Wie lange halte ich dieses Schauspiel noch durch, wo soll ich noch die Kraft her nehmen, um die Fassaden dieses Potemkinschen Dorfes aufrecht zu erhalten? Wann wird alles in sich zusammenbrechen und mich unter sich begraben? Herr, wenn es Dich gibt, hilf mir!«, so denkt der neue hochwürdigste Herr Pfarrer, als er vor sich genauso wie all die anderen im Herrensalon sich selbst sieht, wo sich aber zusätzlich, und zwar nur für ihn allein im großen Spiegel des Friseursalons seine Seele in einer nie zuvor gekannten Klarheit öffnet.

Ein Film, so wie sich das angeblich in den letzten Sekunden unseres Lebens abspielen soll, läuft vor ihm im Spiegel ab. Jedoch ein besonderes Dokument seines Lebens ist das. Auf der einen Seite sieht er, was die Leute von ihm denken, die Leute, die außerhalb des Pfarrhauses sind, oder diejenigen, die im Kirchenschiff sitzen und ihn während »meines Auftritts, meiner Aufführung« sehen, wie er die heilige Messe manchmal zynisch nennt. Und gleichzeitig läuft da ein anderer Streifen, eine zweite Spur neben der ersten. Ein Film, den er so klar noch nie gesehen hat. Der Film seines Innenlebens. Abgespult wird der direkt aus seiner Seele. Ungefiltert, unbarmherzig sich selbst gegenüber. Einmal ein Film, wie ihn »derzeit noch«, schränkt er ein, die Leute sehen, da draußen sehen, und ein zweiter Film, wie nur er ihn sieht.

Die Leute da draußen sehen den immer lachenden, strahlenden, gut aussehenden, großen, hübschen Menschen, der auf jede Frage, auf jedes Problem des Lebens, das man an ihn heranträgt, eine tröstende, versöhnliche Antwort weiß. Ja, ein guter Schauspieler ist er, stets auf eine positive Ausstrahlung und Außenwirkung bedacht. Und ja, predigen kann er. Das weiß er. Wenn er mit seiner festen Stimme, von der Kanzel herab, gleich direkt, ohne Umwege zum Kern der Sache kommt, zum Zentrum der angeblich so frohen Botschaft einer jeden Messe, diesen wesentlichen Punkt in Form einer Analogie in die heutige Zeit überträgt, so dass es auch alle verstehen, dann sieht er in die weit aufgerissenen Augen der ihm anvertrauten Schafe, deren guter Hirte er so gerne wäre, dann erkennt er, wie auch die seine Worte treffen und wie sie in ihrem Innern erkennen, dass sie Böses getan und Gutes unterlassen haben.

Und wenn er schon kein guter Hirte ist, wie nur er und Gott weiß, so will er auch kein strenger Hirte sein, denn Gott scheint ihn hierher gestellt zu haben, um über die Unvollkommenheit des Menschen Zeugnis abzulegen. Deswegen preist er immer am Ende einer jeden Predigt den unendlich liebenden Gott, den guten Vater, unseren Herren »dem der Einzelne, der auf seinem sündigen Weg voll Reue umkehrt, lieber ist als alle Gerechte zusammen.« Und an dieser Stelle macht er dann für sich selbst jeweils eine eigene, ja sehr eigenwillige Interpretation, indem er ›das Umkehren auf dem sündigen Weg‹ mit einem ›wobei es schon völlig ausreicht, sich seiner Schwäche bewusst zu sein‹ gleichsetzt. Und diejenigen, die ›gerecht‹ sind, bezeichnet er, einer eigenen Lehrmeinung folgend, als ›selbstgerecht‹, denn »wer kann schon von sich behaupten, dass er gerecht ist, und wer so denkt«, fährt er bei sich fort, »der ist selbstgerecht, und eine zur Schau getragene Selbstgerechtigkeit ist das Widerlichste, was ich kenne.« Zweifellos hängt diese Sicht von der Art und Weise einer reuigen Umkehr und dem Gerechtsein mit seiner eigenen Schuld zusammen.

Seine Predigten, die streng beginnen und so versöhnlich enden, gefallen den Gläubigen, weswegen er die Zahl der Kirchgänger deutlich steigern konnte. Denn wer könnte besser über Schuld und Vergebung predigen als ein Schuldiger, wer könnte besser die Not der von Schuld Beladenen verstehen und wer könnte ihnen anschaulicher Hoffnung machen als ein Schuldiger, der die Qualen seiner Verfehlungen an seiner eigenen Seele verspürt, und wer könnte überzeugender beten »Und vergib uns unsere Schuld, wie auch wir vergeben unseren Schuldigern«? Ist nicht derjenige eher bereit zu vergeben, der Schuld mit sich trägt, als derjenige, der glaubt, in der Sonne der Gerechtigkeit zu sein? Ist er durch seine Schuld so nicht als Pfarrer berufener als ein Gerechter? Hat ihn also der Herr vielleicht deswegen berufen?

Aber nicht nur seine Predigten sind es. Er hat neuen Wind in die Gemeinde gebracht, der junge Herr Pfarrer. »Und so gescheit ist er«, wird die Vorsitzende des Frauen- und Müttervereins nicht müde, bei jeder Gelegenheit zu bescheinigen. »So geistreich und doch so bescheiden.«, fügt sie dann noch in aller Demut hinzu. »Nein, ein Glück haben wir mit dem neuen Herrn Pfarrer. Und seine Mutter! Wie Maria steht sie an seiner Seite und hilft ihm, wo er sie braucht. Sie opfert sich für ihn auf.« Wenn sie das so sagt, so sieht sie sich selbst in der Rolle der Maria von Magdala, einer »der Begleiterinnen des Herrn Pfarrers, ach nein, ich meinte des Herrn Jesus« wie sie sich einmal versprochen haben soll, es aber genau so gemeint haben wird. Viele Frauen des Ortes, letztlich diejenigen, welche was zu sagen haben und deren Meinung zählt und die ihren Männern jegliche offene Widerworte schon längst abgewöhnt haben, denken ebenso. Wenn auch nicht alle so Feuer und Flamme für den neuen Herrn Pfarrer sind, so ist doch der weitaus überwiegende Teil der Gemeinde sehr für ihn. Die Männer finden es gut, »dass endlich auch einmal so einer zu den Leuten« geht, und meinen damit, dass er jedes Fest besucht, jede Familienfeier, viele Versammlungen von Vereinen und dass er dann nicht gleich nach Hause geht, sondern bei ihnen am runden Tisch sitzen bleibt und mit ihnen trinkt.

Der eine oder andere fing an, kritische Fragen zu stellen und damit auch die andere Seite der Medaille zu sehen. Einige begannen sich über die Trinkfestigkeit des Herrn Hochwürden zu wundern. »Naja, vielleicht macht das ja der Messwein.«, sagen die einen, worauf auch schon die Antwort kam, »aber so viel, wie der verträgt, das kann nicht nur alleine vom täglichen Messwein kommen.« »Hast Du gesehen, wie der letzten Donnerstag nach der Sitzung des katholischen Arbeitervereins schwankend, ziemlich schwankend sogar, das Weiße Roß verlassen hat, und war nicht seine Zunge schwer und seine Sprache etwas lallend geworden? Ist das denn für einen hochwürdigsten Herrn Pfarrer angebracht. « »Naja, das sind halt auch nur Menschen und was soll er denn auch sonst machen? Das Essen und Trinken ist ja das Wenige, was denen an Schönen im Leben bleibt.« »Tja, meinst Du, der hat sonst nichts?« »Ja, wissen tut man es nicht« »Weißt Du da mehr?« »Nein, das nicht, aber warum denn nicht? Also ich will da nichts gesagt haben, aber hat nicht die Meyer Christel ihre gut bezahlte Stelle als Chefsekretärin beim Opel aufgegeben, um für die Hälfte des Gehalts als Pfarrsekretärin zu arbeiten?« »Ja, das ist so, vielleicht bekommt sie ja auch zusätzlichen Gotteslohn oder vielleicht ja auch Pfarrerslohn?«, wirft da einer lachend in die Runde. »Ist doch egal. Der braucht das auch. Aber sonst ist er ein prima Kerl.« »Schon, aber …« »Nichts aber, so ist es, also dann Prost.«

Die Pfarreiarbeit wurde aktiviert, indem die alten Helferinnen und Helfer beibehalten wurden und neue, junge Kräfte ihnen vor die Nase gesetzt wurden. Die Christel in das Pfarrsekretariat, die junge Frau Hoffmann in den Pfarrgemeinderat und eine neue junge Organistin wurde aus einer Nachbargemeinde verpflichtet. Ihr wurde auch rasch eine neue Wohnung besorgt, so dass sie sich zur höheren Ehre Gottes der künstlerischen Ausgestaltung der Gottesdienste und des Gemeindelebens widmen konnte.

Und um der Erneuerung auch äußere Zeichen zu geben, wurden die Kirche und das Pfarrhaus komplett renoviert, nur das Neueste und das Beste verwendet. In der Kirche wurde ein neuer Marmorfußboden verlegt, die Heizung wurde völlig neu installiert und schöne, neue helle und bequeme Bänke wurden angeschafft, die Kniebänke wurden extra gepolstert und man konnte sie, damit sie nicht beim Drübersteigen beschädigt wurden, bei Bedarf hochklappen. Der Pfarrer rief dazu auf, dass das fehlende Geld gespendet wurde, und das Geld floss reichlich. »Nur an sich denken, das ist schlecht, aber auch an sich denken, das ist recht«, verkündete der Herr Hochwürden tagaus tagein. Und man dachte viel auch an sich. Deshalb kam auch viel Geld zusammen.

Es kam sogar so viel Geld zusammen, dass auch an der Neugestaltung des Pfarrhauses nicht gespart werden musste. Wände wurden eingerissen und neue hochgezogen. Man sagte, dass der Herr Pfarrer jetzt aus seinem Schlafzimmer direkt in ein wunderbares Badezimmer mit großem Ankleidebereich gehe könne. Alles versehen mit wunderbaren Fliesen, geschmackvollen Vorhängen und Bordüren. »Ein normaler Mensch kann sich so etwas nicht leisten«, sagte einmal die Frau Baumann, dem kleinen Albert seine Mutter, die Ehefrau vom großen Albert. Ihr hatte einmal der Hochwürden voller Stolz das Haus gezeigt. »Die Mutter des Herrn Pfarrer war dabei.«, betonte sie und fügte hinzu »Geschmack hat der Herr Hochwürden, das muss man ihm lassen, aber was das alles gekostet haben muss. Unsummen! Aber egal, da ist ja auch lange nichts gemacht worden und jetzt ist es für viele Jahre wieder renoviert.«, machte sie sich die Argumentation der vielen Befürworter des Umbaus zu eigen.

Außerdem passt der Umbau der auf dem höchsten Punkt des Ortes stehenden Kirche und des daneben stehenden Pfarrhauses in das gesamte neue Bild der Gemeinde. Überall spürt man das Wirtschaftswunder. Es wurden neue Baugebiete ausgewiesen. Ein großes Neubaugebiet entstand ebenso wie eine schmucke Flüchtlingssiedlung, wo die einzelnen Landsmannschaften in Nachbarschaft wohnen und ihre Gelder aus dem Lastenausgleich zum allseitigen Gewinn anlegen konnten. All dies verhalf den Einheimischen zu einem unverhofften Geldsegen und vielen neuen Mitbürgern zu einem neuen Zuhause. Und es kamen viele Neue, wie die Einheimischen diese nannten. Das gesamte Spektrum der Persönlichkeiten und Typen deckten die neuen Mitbürger ab.

In der Beliebtheitsskale führten die Amerikaner der nahen Militärstützpunkte, insbesondere die schneidigen Offiziere und Piloten des unmittelbar in der Nachbarschaft gelegenen Flugplatzes in Wiesbaden-Erbenheim. Als Besatzer nahm man sie nicht mehr wahr, sondern als nahezu unerschöpfliche Geldquellen. Ihr Dollar war mehr als vier Deutsche Mark wert und sie selbst schienen einen Dollar mit einer Deutschen Mark umzurechnen. Sie zahlen horrende Mieten, Mietvorschüsse und sie zahlen, noch bevor ein Haus bezugsbereit ist, Baufinanzierungszuschüsse, das heißt, sie finanzieren ihre Wohnungen auch noch gleich selbst. Dann waren da die »Studierten«, denen der Ruf vorauseilte, dass sie » bestimmt über tausend Mark« verdienen. Auch die waren natürlich begehrte Neubürger. Und da waren auch die am anderen Ende der Skala. Leute, von denen man nicht so recht wusste, wo die denn herkommen, wie ihre Familien sich zusammensetzen, wie die denn ihr Geld verdienen und was die so treiben. Komische, dubiose Typen also, aber so lange sie die steigenden Preise für die Bauplätze oder die Mieten zahlten, waren auch sie willkommen. Auch wenn man sich etwas von ihnen fernhielt und die Kinder ermahnte, nicht mit deren Kindern zu spielen »und diese auf keinen Fall mit nach Hause zu bringen.«

Einer der tragenden Säulen der Erneuerungsbewegung, deren Speerspitze sozusagen, also ein durch aus willkommener, wenn auch mehr ängstlich als freundlich begrüßter Neuer, war der neue Herr Rektor. Ebenfalls im Moment im Herrensalon anwesend. In der Mitte im großen grünen Frisierstuhl sitzend. Dessen lauter und erregter werdende Stimme führte dazu, dass der Herr Hochwürden aus seiner entrückten Versunkenheit nach oben in die Realität des Herrensalons geholt wurde. Der Film mit seiner durchaus beeindruckenden Außendarstellung endet somit abrupt, ohne dass die Version mit seiner Innensicht hätte anbrechen können. Deswegen endet aber dieser spezielle

Teil seines Filmes noch nicht. Er dreht einfach einen Moment lang im Leerlauf weiter, wenn man es so bezeichnen will. Im Augenblick jedenfalls hört er die ihn nun unangenehm, ja aggressiv und schneidend tönende Stimme des neuen Herrn Rektors.

»Fressen oder gefressen werden, so ist es im Leben, mein lieber Herr Baumann.«, sagt laut und akzentuiert deutlich der in der Mitte des Raums auf dem großen grünen Frisierstuhl Thronende nun nach links zum alten Albert geneigt, während sich der große Albert um dessen Haarschnitt bemüht. »Wie in der Natur ist es, Herr Baumann«, legt er nach und dreht sich wieder in Richtung des alten und des kleinen Albert, »nur die Starken überleben. Und das ist auch gut so. Merke dir das gut, mein Junge«, spricht er nun den kleinen Albert an, der deswegen etwas erschrickt und den Kopf anhebt, »Merke Dir das für die Schule und merke Dir das für Dein ganzes Leben!«

Unvermittelt steht der alte Albert auf, nimmt den kleinen Albert bei der Hand und sagt »Komm, Junge, das habe ich vor einigen Jahren schon einmal aus jeder braunen Ecke gehört und das hat dazu geführt, dass tausende Schwache nun unter der Erde liegen und noch mehr, als unter der Erde liegen, über der Erde deswegen trauern und durch ihr Leid ob der Verlorenen selbst bis an ihr Ende schwach und mit Mühsal beladen worden sind.« Die Tür des Herrensalons knallt in ihren Rahmen. Dem auf dem Frisierstuhl Thronende bleibt für einen Moment der Atem stehen. Sein Gesicht wurde puterrot. So etwas scheint ihm noch nicht passiert zu sein. So einen Widerspruch ist er nicht gewöhnt. Recht hat er, immer recht hat er, daran ist er gewöhnt. Als er sich erholt hat, setzt er nochmals nach, »Ja, gehen Sie nur, Herr Baumann, und nehmen Sie ihren Enkel ruhig mit, aber Sie tun ihm damit keinen Gefallen, er wird sich dem Wettbewerb stellen müssen, denn nach dem Prinzip des Fressens oder Gefressenwerdens ist die Welt geschaffen. Nur der Stärkere gewinnt. Schauen Sie sich nur einmal um, sehen Sie sich die Welt an, lesen Sie nach in der Evolutionstheorie des Herrn Darwin, die er schon vor vielen Jahren geschrieben hat und die heute niemand mehr leugnet, ich meine fast niemand, bis vielleicht der Herr Hochwürden da hier« und dabei neigt er seinen Kopf in dessen Richtung. Doch der schaut weiter in sein Inneres und hört wieder nicht, was um ihn herum passiert. »Was ist denn mit ihm, Herr Baumann? Der ist so abwesend. Naja, vielleicht macht er ja Gewissenserforschung, das steht einem Pfarrer ja nicht schlecht an.«, glaubt der Herr Rektor einen Scherz zu machen. Und der Herr Pfarrer beginnt, den Herrn Rektor in einem anderen Licht zu sehen. Nach außen waren sie beide, man kann es ruhig so sagen, Geistesverwandte der Erneuerung. Aber nun stört den Herrn Hochwürden etwas an dem Herrn Rektor. »Warum ist der nur so großkotzig, das Arschloch?«

»Bei allem Respekt, lieber Herr Baumann«, fährt der Herr Rektor ungerührt fort, »Sie sollten Ihren Sohn nicht so oft mit Ihrem Vater zusammen sein lassen. Der Kleine schaut sich natürlich alles vom Alten ab, das ist ja nur natürlich.« Und nun verfällt er in einen erhabenen und wichtigen Ex-Cathedra-Tonfall, ganz so, wie er es von Amtes her gewöhnt ist, und dabei legt er, wie um seine Worte zu unterstreichen, seine Stirn in sorgenvolle Falten »Ihr Vater ist von der alten Generation. Diese Altvorderen wissen zwar, wie das früher war, aber von dem Heute, dem Hier und Jetzt oder, anders ausgedrückt, davon, wie heute die Dinge laufen müssen, von dem, was heute notwendig ist, davon haben die keine blasse Ahnung, woher denn auch?«, betonte der Belehrende nun mit Nachdruck. Und der so redet, der muss es ja schließlich wissen.

Es ist der neue Herr Rektor, der Nachfolger des alten Hauptlehrers Neumann. »Es muss ein neuer Wind wehen in unserer Gesellschaft, mit dem alten Schlendrian kann es jetzt, wo wir alles neu aufbauen, jetzt, wo sich die Dinge zum Guten ändern, nicht weitergehen und wir müssen unsere Kinder davor schützen, dass sie vom Gedankengut der ewig Erfolglosen beeinflusst werden, die man uns zu Hunderttausenden aus den Ostgebieten her geschickt hat. Wir müssen unsere Jugend zu anständigen und fleißigen Mitgliedern unserer Gesellschaft entwickeln und dazu gehört nun mal auch ein gesunder Wettbewerb. Deswegen habe ich ja auch in unserer Schule die Fenster geöffnet, damit der neue Wind durch die Klassenzimmer wehen kann.« Ja, diesen neuen Wind haben alle im Ort mitbekommen. Da wird auf einmal ausgelesen. Der da kommt in die Sonderschule, weg damit, den können wir hier nicht gebrauchen, und die da, die kann in die Mittelschule gehen ja, und der da, der Sohn vom Herrn Regierungsrat, der kommt auf das Gymnasium. Natürlich gingen auch unter dem alten Herrn Hauptlehrer Neumann einige Schüler auf weiterführende Schulen, das schon. Aber auf die Sonderschule wurde niemand geschickt. Diese Schande tat man niemandem an. Der eine oder andere hinlänglich Bekannte musste vielleicht einmal eine Klasse wiederholen. Ja schon. Doch das regelte man diskret, begründete es mit einer längeren Krankheit oder einem ohnehin viel zu frühen Einschulen. Die Schule war ein Spiegelbild der doch weitgehend harmonischen Dorfgemeinschaft, wo niemand zurückgelassen wurde. Doch jetzt wurde sortiert, segmentiert und ausgelesen.

Und während der Herr Rektor so über die Anforderungen der neuen Zeit doziert, schaut er sich in dem großen Spiegel, vor dem er sitzt, genau an und ist zufrieden mit sich. Jung ist, dynamisch ist er, groß, muskulös und gescheit. Sein Studium und sein Referendariat hat er in der kürzest möglichen Zeit abgeschlossen, seine Noten sowie seine Empfehlungen sind hervorragend. »Und die können dankbar sein, dass ich überhaupt hierher gekommen bin. Aber in diesem Bauerndorf bleibe ich nicht lange. Ein gutes Sprungbrett ist das, denen werde ich die Hammelbeine langziehen, denen werde ich zeigen, was heute eine moderne schulische Ausbildung ist, und wenn ich mich hier bewährt habe, dann geht es weiter. Wer weiß, wo das endet mit mir, wie hoch und weit mich meine Karriere führt, zum Kultusminister in Wiesbaden, wer weiß und warum eigentlich nicht«, so denkt er, und so schaut der potentielle Kultusminister wohlwollend aus dem Spiegel dem neuen Herrn Rektor direkt ins Gesicht.

Der große Albert schweigt zu dem Gesagten. Hier im Herrensalon plustern sich so viele testosterongeplagte Männlichkeiten auf. Wollte er da jede Meinung kommentieren, es gäbe endlose Debatten und schließlich ist er nicht der Typ, der die direkte Konfrontation liebt. »Es wird schon noch der richtige Zeitpunkt und die passende Gelegenheit kommen, um die eigene Meinung zu vertreten, oder es wird der Zeitpunkt kommen, wo die alleinig seligmachende Erkenntnis ihre Halbwertzeit überschreitet und sich die Dinge damit wie von selbst erledigen.«, denkt er dann und fügt gedanklich hinzu, »die größten Probleme erledigen sich sowieso mit der Zeit von selbst.« So hat er in all den Jahren gehandelt und mit dieser Haltung ist er gut gefahren. Und was die Beziehung zwischen dem alten und dem kleinen Albert betrifft, so ist er davon überzeugt, dass die beiden Seelenverwandte sind, die weder trennbar sind noch es irgendeinen Grund geben könnte, sie zu trennen. Oft beobachtet er die beiden, wie sie blind aufeinander abgestimmt sind. Ohne sich anzusehen, streckt der kleine Albert dem alten die Hand hin und der ergreift sie, ahnend, dass sie ausgestreckt ist, und wissend, wo sie ist. Er beobachtet das grenzenlose Vertrauen zwischen den beiden und erfreut sich daran.

Die Allwissenden sind dem großen Baumann suspekt. Die Forderungen, die der neue Herr Rektor an die Gemeinde gestellt und denen er im Gemeinderat hat zustimmen müssen, weil sonst die Leitung der Schule nicht hätte besetzt werden können, waren, so seine Meinung, des Guten zu viel. Es ging nicht nur darum, dass das Lehrerhaus völlig hat aus- und umgebaut werden müssen. »Das kann man ja noch verstehen«, hat er damals im Gemeinderat gesagt »denn schließlich hat der neue Herr Rektor mit seinen drei Kindern eine große Familie. Aber dass man den alten Lehrer Fuchs, der nur noch wenige Jahre bis zu seiner Pensionierung hat und der nun der dienstälteste Lehrer ist, umquartierte, in eine kleinere Wohnung und dass hinter dieser »Zwangsumsiedlung«, wie das der große Baumann titulierte, der neue Herr Rektor steckte und dem dies zu allem Überfluss auch noch scheinbar völlig egal war, dass er also mehr Ellenbogenmentalität als Mitgefühl besaß, das behagte dem großen Baumann ganz und gar nicht. Auch wenn er sich darüber nicht öffentlich äußert.

Währenddessen fährt draußen auf dem großen freien Platz vor dem Friseursalon ein Musterexemplar der bereits schon erwähnten dubiosen Kategorie der neuen Mitbürger vor. Der Brunner Karl. Ein Künstler, wie einige sagen. »Mein Gott, was will denn der?«, ruft der Herr Rektor. »Das ist ja eine Kanaille, kann ich Ihnen sagen.« »Wirklich, ich denke, der ist recht sympathisch«, entgegnet der große Baumann. »Sympathisch? Aber hören Sie mal, Herr Baumann«, entrüstete sich der Herr Rektor und denkt, »na, der Baumann wird ja immer komischer, aber ich will mich nicht mit dem anlegen, schließlich brauche ich den für den Neubau des neuen Schulhauses. Davon weiß zwar noch niemand, aber das werden die Trottel noch früh genug erfahren. Der Baumann ist einer der Meinungsbildner und Führer hier im Ort, den darf ich mir nicht vergraulen« »Also dessen Sohn ist ja bei mir in der Schule, da weiß ich etwas mehr. Einmal redet der von seiner Schwester und dann wieder von seiner Mutter und wissen Sie was, der Junge meint immer die gleiche Frau. Ja, was ist das denn, was ist das für eine Ordnung, was ist denn das für eine Familie? Die Mutter oder die Schwester? Ich habe mir schon manchmal gedacht, ob ich da nicht das Jugendamt oder lieber gleich die Polizei einschalten soll und muss. Wissen Sie, dass deren Haus innen unverputzt ist? Die leben in den rohen Wänden und Möbel sollen die auch keine haben. Einmal sagte der Junge, sie würden auf Bananenkisten sitzen, denn sie hätten keine Stühle.«

»Ja, mag sein, das habe ich ja auch schon alles gehört«, entgegnete wiederum der große Albert, »aber ich habe nicht den Eindruck, dass der Junge unglücklich ist und dass die Familie so, wie sie halt ist, ich denke übrigens tatsächlich, dass es die Schwester des Jungen ist, nicht gut funktioniert. Wissen Sie, das ist halt ein Künstlerhaushalt. Der Herr Brunner ist Künstler, und es soll ein sehr guter Künstler sein.« »Aber, Herr Baumann, hören Sie doch auf, das ist doch keine Kunst. Der spinnt doch und sieht nur irgendwelche Gespenster in den Bäumen, mehr nicht, Gespenster sieht der in den Bäumen und verkauft das als Kunst.« »Also, der war vor einer Woche hier und hat mir das einmal erklärt. Sie haben recht, er arbeitet mit der Natur, mit Holz, mit Bäumen. Er nimmt die in den Bäumen vorkommende Struktur und bearbeitet sie lediglich, indem er Äste kürzt, das Holz poliert und dadurch etwas zurechtbiegt, wenn man so will, aber ansonsten alles so lässt, wie Gott es hat wachsen lassen, wie er sagt. Er habe dafür ein spezielle Sicht auf die Dinge und er meint, dass er ein besonderes Talent, eine seltene Gabe habe, dass ihn Gott beschenkt habe und dafür danke der ihm.« »Was meinen Sie dazu, Hochwürden?«, fragt der große Albert.

Doch der so Angesprochene merkt gar nicht, dass er gemeint ist. Er hat auch nicht mitbekommen, dass der Brunner Karl umständlich aus seinem klapprigen Auto einen in Zeitungspapier eingewickelten Gegenstand entnimmt und mit diesem gewappnet in Richtung Herrensalon schreitet. Ganz offensichtlich ist der Brunner Karl stolz auf sich und mit sich, und wenn der Anblick nicht täuscht, dann hat es etwas damit zu tun, was er da in Zeitungspapier gewickelt bei sich trägt. Der Herr Hochwürden hat deswegen von alledem nichts mitbekommen, weil er den anderen Teil seines Filmes sieht, den Teil nämlich, den nur er und der, wie er nun inständig hofft, der unendlich liebende und alles verzeihende Heiland sieht.

Er sieht in diesem Teil des Filmes das Gefängnis, in das er sich manövriert hat, oder vielleicht besser gesagt, in das er geschupst wurde, weil er die Liebe seiner Eltern, insbesondere seiner Mutter brauchte, diese aber bis zum heutigen Tage nur dann bekam, wenn er deren Wille erfüllte, wenn er der brave

Junge war, auf den sie stolz sein konnte. Aber deren Vorstellungen waren nicht seine. Sie wollte, dass er Priester wurde, er aber wollte das Leben, das freie Leben. Sie wollte die Erhabenheit eines hochwürdigen Amtes, »die Ehre der direkten Nachfolge Jesus Christi«, wie sie sich auszudrücken pflegte, er wollte das Leben hier auf Erden genießen. Sie wollte Maria sein, aber er nicht Jesus, sondern der Michael, der er war. Und dann spürte er vor einer Reihe von Jahren, wie ihn der Alkohol ermöglichte, die Gitterstäbe seines Gefängnisses zu sprengen, wie der Alkohol es ihm ermöglichte, frei zu sein, auch in den Ketten, in denen er geboren wurde.

Leicht wurde es ihm auf einmal und er fühlte sich nicht mehr in einem Gefängnis, sondern auf einer Insel mit Palmen, umgeben von einem sanft wogenden warmen, blauen Meer. Er fühlte sich dann in einer Oase der Glückseligkeit, auch wenn ihn eine endlose Wüste aus Sand umgab. Zunächst braucht er nur wenig Alkohol, damit sich dieses wunderbare Gefühl der Freiheit einstellte, dann immer mehr, und nun verwendete er eine Mixtur aus Alkohol und Tabletten. Morgens Tabletten, dazu der Messwein, dann zum Mittagessen Wein und abends Wein und was sonst noch einiges andere. Dazwischen wieder eine Tablette, manchmal auch zwei.

Auf seiner Insel oder in seiner Oase fühlte er sich zwar wohl. Aber er war allein. Wie schön wäre es, diese mit jemand anderem zu teilen! Der Alkohol gab ihm Mut. Die Christel Meyer wurde so nach einer Probe der Theatergruppe, nach einem gemeinsamen nächtlichen Gespräch über Gott und die Welt, nach einigen weiteren Gläsern Wein in den frühen Morgenstunden des anbrechenden neuen Tages seine Geliebte. Zunächst erschraken sie beide, dann gewöhnten sie sich an die verbotenen Früchte. Auch die Organistin wurde zu seiner Geliebten. Ohne dass die eine Geliebte von der anderen wusste. Die Wellen um seine Insel wurden so immer höher, die Winde um seine Oase immer bedrohlicher, er selbst immer instabiler. Er hatte sich und seine Sucht nicht mehr im Griff, sondern diese griff nach ihm, immer mehr, immer fester und immer dann, wenn er es nicht wollte. Er war nicht mehr das Werkzeug Gottes, sondern der Teufel hatte ihn im Griff, dem Teufel hatte er sich verschrieben. Die Bombe in ihm und diejenige, die im geheimen Netzwerk seiner Geliebten verborgen ist, konnten unvermittelt und zu jeder Zeit hochgehen. »Was habe ich getan? Herr hilf mir, zeige mir Deinen Weg, zeige mir Deine Wahrheit!«, flehte er den Allmächtigen an, als der Film seines Innenlebens, den er im Spiegel des Herrensalons sah, unvermittelt endete.

»Grüß Gott, Herr Pfarrer, Hallo, Herr Pfarrer, grüß Gott« »Ach, der Herr Brunner. Entschuldigung, ich habe gerade etwas geträumt.«, sagte der Hochwürden, indem er aus seinem Tagtraum erwacht, sich erhebt und dem so Angesprochenen die Hand gibt. Der Brunner Karl verneigt sich tief vor dem Herrn Hochwürden. Dieser hatte gar nicht mitbekommen, dass es schon einen kurzen Wortwechsel zwischen den sonstigen Anwesenden gegeben hatte. »Herr Pfarrer, ich hatte Ihnen doch etwas versprochen.« »Ja, ich erinnere mich, letzte Woche abends, als wir uns in der Kirche trafen. Das tut mir übrigens noch leid, ich glaube, ich habe Sie da gestört.« »Nein, gar nicht, ich war schon fertig, ich wollte ja ohnehin gerade gehen.« »Dann ist es ja gut. Sie sagten, dass Sie zu Hause etwas für mich hätten, so etwas wie ein Porträt von mir, aus Holz, gewachsen in der freien Natur, in einem speziellen Baum, den Sie entdeckt haben.« »Ja und hier ist es.« Und der Brunner Karl packt das, was er da in Zeitungspapier eingewickelt hatte, aus und hält es dem Pfarrer zugewandt in seinen Händen. Der schaut es wie vom Blitz getroffen an.

»Aber, Herr Brunner, das ist doch nicht der Herr Pfarrer!« »Doch, das ist er.« »Aber nein, der Herr Pfarrer ist lustig und immer lachend, fröhlich und das da«, und der Herr Rektor zeigt mit dem Zeigefinger der rechten Hand verächtlich auf das Gesicht in den Händen des Brunner Karls, »das ist ein trauriger, unglücklicher Mensch.« »Herr Rektor, mit Verlaub. Sie betrachten die Menschen mit Ihren Augen, mit Ihrem Wissen, entschuldigen Sie, wenn ich das so sage, mit Ihrem vermeintlichen Wissen. Sie lassen Klassenarbeiten schreiben und benoten diese, dann addieren Sie die Zahlen, errechnen den Durchschnitt und schon haben Sie, glauben Sie, den Wert eines Menschen. Aus diesen Zahlen machen Sie sich ein Bild von einem Menschen und Sie sind sich sicher, entschuldigen Sie, glauben sich dann sicher zu sein, zu wissen, dass dieser Mensch dann glücklich oder unglücklich sein muss. Wenn ich durch die Natur gehe und nach meinen Menschen in den Bäumen und deren Äste suche, in den Ästen, die Gott hat so wachsen lassen, dann schaue ich mit dem Herzen, und wenn ich diese göttlichen Kunstwerke dann mit einem Menschen in Verbindung bringe, dann betrachte ich mir diesen Menschen ebenfalls ganz genau. Ich betrachte ihn mir ganz genau mit dem Herzen, nicht mit dem Verstand und nicht mit meinen Augen. Meine Brille, mein Mikroskop, meine Notenskala ist das Herz. Ich schaue nicht mit den Augen. Das Auge erkennt nur das Äußere des Menschen. Ich schaue mit dem Herzen in dessen Inneres. Nur im Inneren des Menschen liegt sein wahrer Kern, nur im Inneren des Menschen liegt seine Wahrheit und die erschließt sich nur über das Herz.« »Sie haben recht, Herr Brunner,« sagte der Pfarrer, immer noch dem traurige Gesicht der hölzernen Figur zugewandt. »Darf ich die Figur an mich nehmen?« »Ja, sie ist ja für Sie.« »Danke, Herr Brunner und auf Wiedersehen meine Herren. Herr Baumann, ich brauche heute keinen Haarschnitt, ich habe Wichtigeres zu tun.«, sagt der Herr hochwürdigste Herr Pfarrer. Er dreht sich um einhundertachtzig Grad, wodurch sich im Spiegel seine Vorderseite nach hinten und seine unsichtbare Rückseite für alle gut sichtbar nach außen wendet und geht.

Der Seiltänzer

»Nichts ist heutzutage unmöglich. Unglaublich ist das!«, und damit fasste der Mitter Tony die Diskussion der vorangegangenen Minuten zusammen, wo es kreuz und quer sowohl um den unaufhaltsamen wirtschaftlichen Aufstieg der noch jungen Republik als auch um deren unaufhaltsamen sittlichen und moralischen Niedergang gegangen war. Für ersteres waren sie, die ältere Generation, und für letzteres die Jungen, die Verweichlichten, die nicht Abgehärteten verantwortlich. Noch bevor alle Anwesenden in ein zustimmendes »Ja, da hast Du recht, Tony.« einstimmen konnten, differenzierter Denkende waren heute im Friseursalon nicht anwesend, wurde die Beschauung der Welt unterbrochen. »Da schaut mal, der Herr Stark kommt. Der Herr Stark höchst persönlich sogar. Will der zu Dir Albert?« »Keine Ahnung, ich glaube nicht. Der kommt immer am Dienstag und am Freitag.«

Der Herr Stark, klein von Gestalt, gewaltig im Umfang, halslos, dickschalig, starrköpfig, gradheraus, nur seinen eigenen Interessen verpflichtet, hievt sich, indem er seine kurzen fleischigen Arme oben am Dach des verbeulten, dreckigen Mercedes festklammert, aus dem Wagen. Strammen Schrittes setzt er seine Masse in Bewegung. »Der kommt nicht hierher. Nein. Der geht hinüber zum Fröhlich. Tatsächlich, der geht zu Deinem Nachbar.« »Ja, ist der denn jetzt dran?« »Scheinbar.« »Wie lange wird es dauern? Was meint Ihr? Fünf Minuten?« »Nein auf keinen Fall. Der ist doch zum ersten Mal beim Fröhlich. Das dauert weniger als fünf Minuten« »Naja, beim Fröhlich wird es vielleicht doch etwas länger dauern. Ich sage einmal sieben Minuten. Der Fröhlich hat sich ja vorbereiten können. Wusste der denn, dass er drankommt?« »Ich denke schon, der konnte sich das ja ausrechnen, oben am Frankenpfad da ist er der nächste. Ohne den Fröhlich kann der Stark da nichts machen.« »Aja, dann.« »Hat jemand eine Uhr?« »Ja, ich schaue drauf.«

Es vergehen genau drei Minuten und 28 Sekunden: »Da kommt er, und wie der auf einmal rennen kann.« Der arme Herr Stark wird vom kleinen Hund der Fröhlichs verfolgt. Während der Hund das vermutlich mehr als ein lustiges Spiel begreift, rennt der Herr Stark wie um sein Leben. Nicht so schnell, wie man das bei absoluter Lebensgefahr hätte erwarten können, aber so gut es ihm eben geht. »Hau ab, du blöder Köter, Fröööhlich, ruf den Scheißköter zurück.« Mit einem Ruck wuchtet sich der Herr Stark in sein Auto und damit in Sicherheit. Der Hund trottet wieder zurück zum Hof der Familie Fröhlich, schließlich gibt es ja nichts mehr zum Spielen. Gebissen hätte der sowieso nicht. Vermutlich weiß der gar nicht, wie das geht. Minuten später kommt der Herr Fröhlich wie üblich am Mittwochnachmittag in den Herrensalon. »Und, was wollte der Stark?«, fragte ihn der Mitter Tony ansatzlos. »Nichts«, war die kurz angebundene Antwort. »Aha, nichts. Also deswegen ist der Stark zu Dir gekommen.«

Eine Woche später kommt der Herr Stark wieder vorgefahren und das Schauspiel wiederholt sich. Aber nicht exakt gleich. Die Dramaturgie hat sich etwas verändert. Dieses Mal dauert der Aufenthalt des Herrn Stark bei den Fröhlichs immerhin mehr als zehn Minuten, und der Herr Stark wird bei seinem Abgang nicht von dem kleinen kläffenden Hund verfolgt. Der Herr Fröhlich hat ihn zurückgehalten, um dem Herrn Stark einen ehrenvollen Rückzug zu ermöglichen. Einen Rückzug, der ihm das Wiederkommen erleichtern soll. Die darauf folgende Szene im Herrensalon wiederholt sich hingegen genau so, wie schon geschildert. »Und was wollte der Stark?«, fragte der Mitter Tony ansatzlos. »Nichts« war wieder die kurzangebundene Antwort des Herrn Fröhlich.

Noch vier Mal kam der Herr Stark so. Immer dauerte sein Aufenthalt etwas länger, und jedes Mal kam er etwas wohler gelaunt zu seinem Auto zurück. »Also, jetzt ist der Stark ja schon vier Mal bei dem. Da kann etwas nicht stimmen. Was läuft da schief? Normal müsste da schon alles nach dem zweiten

Besuch unter Dach und Fach sein!«, wunderte sich die Runde derer, die vom Parkett des Friseursalons dieses vor ihnen ablaufende Schauspiel betrachteten und fachmännisch kommentierten. Eigentlich war ausgeschlossen, dass da etwas hätte »schieflaufen« können, denn alles folgte einem bereits mehrere Male auf anderen Bühnen erprobten Ritual. Es herrschte allgemein Übereinstimmung darüber, wie die ganz im Sinne einer griechischen Tragödie begonnene Inszenierung abzulaufen und wie sich in einem fulminanten Schlussteil alles im Stil einer gelungenen Komödie aufzulösen hatte. Die Zuschauer erwarteten ein Happyend. Das ist ihr gutes Recht. Und dies schienen ihnen die nun auf der Bühne stehenden Akteure verweigern zu wollen. »Was machen die denn da so Geheimnisvolles und warum dauert das alles so lange?«, lautet der allgemeine Tenor. Aber aus dem Herrn Fröhlich, der nach jedem Akt in den Herrensalon kam, war nichts herauszuholen, und den Herrn Stark zu fragen hätte sich niemand getraut.

Letzte Woche, so schien es, ist Bewegung in die Angelegenheit gekommen, denn der Herr Stark kam mit einem federnden Schritt vom Herrn Fröhlich zurück zu seinem Auto und der Herr Fröhlich kam ebenfalls noch fröhlicher als sonst in den Herrensalon. »Und was wollte der Stark?«, fragt wieder der Mitter Tony gerade heraus. Diesmal gab der Herr Fröhlich eine umfassendere Auskunft, jedenfalls in dem Sinn, dass jeder hier wusste, was gemeint war, und dass das zu erwartende Happyend auch dieses Mal eintreten wird. »Na, das könnt Ihr Euch ja vorstellen. Ins Geschäft gekommen sind wir. Es geht aufwärts.« »Wie meinst Du das, Edmund?« »Na, das werdet Ihr schon sehen.«, antwortete der fröhliche Edmund Fröhlich.

Nach erneut einer Woche kam der Herr Stark. Nun jedoch mit seinem Rechtsanwalt, ein untrügliches Zeichen dafür, dass sich nun das Stück einem gelungenen Ende zuneigt. Der eine, der Rechtsanwalt, trägt eine teure echt lederne Aktentasche. Der Herr Stark seine alte speckige, zerschlissene Mappe, in der schon viele gute Verträge für ihn und seine Partner gelegen hatten, Verträge, die Grundlage seiner glänzend gehenden Geschäfte sind. Kurze Zeit später kommen beide von den Fröhlichs und dieses Mal winkt der Herr Stark sogar den im Herrensalon sitzenden Zuschauern zu und beginnt laut zu rufen: »Albert, hör mal! Der Fröhlich hat mich zwar über den Tisch gezogen, wie noch keiner dieser Tagdiebe da hier«, und dabei deutete er auf die Zuschauer im Frisiersalon »aber das geht schon. Ruinieren werden mich die Kerle nicht.«, wobei er jetzt so heftig lachen muss, dass sein Bauch hoch und runter hüpft. »Daher geht die Rasur dieser Herren, na, eigentlich sind das ja Tagdiebe«, und dabei zeigt er wieder auf die Zuschauer im Herrensalon »auf mich. Schreib es auf, ich zahle es am Dienstag.«

Kurze Zeit später kommt auch der Herr Fröhlich. Nochmals fröhlicher als sonst. Und jetzt fragte der Mitter Tony in einer neuen Variante. »Na, alles unter Dach und Fach?« »Ja, alles genagelt. Und ein Ergebnis habe ich erzielt, über das sich alle im Dorf freuen werden. Komm Albert«, wendet er sich zum kleinen Albert, der wieder mit seinem Opa, dem alten Albert gemeinsam in dem Sessel ganz links sitzt, »hier hast Du Geld, geh zum Metzger Press und hole uns einen Ring Fleischwurst und warte mal, wie viele sind wir?«, und er zählt bis sechs »und bring noch sechs Wasserweck mit und denk auch an den Senf. Und Du kannst Dir auch gleich noch ein Eis mitbringen. Ach, warte, hole zwei Ring Fleischwurst, wir wollen ja keinen Hunger leiden.« »Aber das ist ja ein Hundertmarkschein!« »Ja«, sagte der Herr Fröhlich kurz und knapp. »Schau mal Opa, so einen habe ich noch gar nicht in der Hand gehabt.«

»Sag mal, Albert«, wendet sich der Herr Fröhlich nun zum großen Albert, »komm, hol doch mal zwei Flaschen Wein, ach was, drei Flaschen aus dem Keller, aber vom Besten, den Du hast, ich gebe sie dir wieder zurück. Schließlich gibt es ja etwas zu feiern, oder nicht, die Herren? Unser Ort wird sich verändern, nichts wird mehr sein wie vorher, dank mir und meinem Verhandlungsgeschick!«, triumphierte der fröhliche

Herr Fröhlich in einem Ton, wie man ihn von ihm noch nie gehört hatte. Er, der sonst so griesgrämig Einsilbige, er, dessen durch seine Armut erzwungene Sparsamkeit sprichwörtlich war, er, der einzige Bauer, der noch mit Kühen ins Feld fuhr, er, der Herr Edmund Fröhlich, ließ nun im Herrensalon seines Nachbarn die Puppen tanzen und um ihn herum staunten ihn alle voller Ehrfurcht an. »Entweder der Fröhlich ist schon betrunken, er ist übergeschnappt oder er hat wirklich ein großes Rad gedreht.«, dachten alle. Aber dass dieser Edmund Fröhlich, den alle hier dahingehend kennen, dass es über den nichts zu kennen gibt, dass er so unscheinbar, so nichts ist, dass er nicht zu beschreiben ist, es über ihn nichts Erzählenswertes zu erzählen gibt, ein großes Rad hätte drehen können, das glaubt hier niemand, das ist schlicht und einfach nicht möglich. Also muss er entweder schon betrunken oder übergeschnappt sein. Da er nicht nach Alkohol riecht, weder schwankt noch lallt, sondern kerzengerade wie noch nie vor ihnen steht und laut und deutlich wie ein Staatstheaterschauspieler zu ihnen spricht, muss letzteres der Fall sein. »Ja, übergeschnappt muss der sein, der arme Kerl«, denken alle. Der Stark wird ihn über den Tisch gezogen haben, das ist ihm nach der Unterschrift bewusst geworden, und das hat ihn innert kürzester Zeit in den Wahnsinn getrieben.

Dass der Herr Stark zu dem Herrn Fröhlich kam, war in der Tat kein Zufall, sondern zu erwarten. Alle Beteiligten wussten das. Es war nur eine Frage des Zeitpunkts. Das Zusammentreffen dieser beiden Herren war die Folge einer naturgesetzlich zwingenden Kausalität. Der Herr Stark ist nämlich Kiesunternehmer von ganzem Herzen und mit Leib und Seele. Er baut Kies ab. Dutzende von grünlackierten großen Lastwagen mit Anhängern transportieren seinen Kies und seinen Sand zu den unzähligen Baustellen des Wiederaufbaus und des auf Hochtouren auflaufenden Wirtschaftswunders. »Sand und Kies ist das Gold und Silber unserer Tage«, sagt deshalb der Herr Stark. Seinen Sand und seinen Kies holt er aus riesigen

Gruben, in denen unten große schwere Raupen und Ungetüme von Lastwagen den Sand aus dem Boden herausholen. Die großen grünen Lastwagen des Herrn Stark fahren mit schnellem Tempo leer hinein und etwas später so voll beladen, dass sie nur im Schritttempo die Steigung der Ausfahrt schaffen, wieder heraus. Ist einmal eine Grube erschöpft, abgeerntet könnte man sagen, dann muss das daran angrenzende Grundstück gekauft werden, koste es, was es wolle, um auch dieses abgraben und aushöhlen zu können und um die angestochene Sandader weiter ausbeuten zu können. Es war also absehbar, wer da als nächster dran kam, zu wem der Herr Stark als nächstes wird gehen müssen. Der Herr Stark ist bemüht, alle Sandgruben in seiner Hand zu haben. Alle Äcker mit sandigem Boden kauft er deshalb. Denn nur er beliefert die Baustellen in einem großen Umkreis mit Sand und Kies. Nur er bestimmt daher den Preis. Die einen beschimpfen ihn daher als Erzkapitalisten, die anderen nennen ihn mit einer gewissen Hochachtung einen mit allen Wassern gewaschenen Geschäftsmann, einen gewieften Monopolisten. Undenkbar, dass der sich vom fröhlichen Herrn Fröhlich aufs Kreuz legen lässt!

Vor dem Bauboom wollte niemand die mehr oder minder wertlosen Äcker, unter denen der Sand lag, diejenigen Grundstücke also mit dem sandigen Boden haben. Klar, begehrt waren nur die schweren, fetten, schwarzen Böden, auf denen es sich gut und vor allem ertragreich anbauen ließ. Wer wollte schon so einen wertlosen Sandacker? Damit waren als Landwirt keine Geschäfte zu machen. Man musste sich über Gebühr abplagen und erhielt einen Ertrag, der nicht der Rede wert war. Sag mir, was für eine Bodenqualität dein Acker hat, und ich sage, dir, auf welchem Platz du im Dorf stehst. Die reichen Bauern mit Einfluss, diejenigen, welche das Sagen hatten, die waren die Besitzer der Äcker mit den ertragreichen fetten Böden. Die wortlosen Armen hatten sich mit den sandigen Böden zu begnügen. So manche Flurbereinigung sorgte zudem dafür, dass die Mächtigen und Reichen noch mehr dieser guten

Böden zu Lasten der Armen erhielten, während diejenigen noch etwas mehr von der sandigen Erde erhielten. »Aber dafür erhaltet ihr ja auch größere Stücke«, gaben sich die mächtigen Reichen gönnerhaft.

Doch nun, mit dem Wirtschaftswunder zeichnet sich der Beginn eines weiteren Wunders ab. Auf einmal wurden diejenigen reich, welche in Besitz der ungeliebten Sandäcker waren. Nicht dass die Mächtigen und Reichen nicht auch den einen oder anderen Sandacker gehabt hätten, man hat da ja nicht jeden dieser früheren Schandflecken gut eintauschen können, aber sie hatten halt nicht so viel, wie sie gerne gehabt hätten, und jetzt bedauerten sie die früheren Tauschhändel, hätten am liebsten alles wieder rückgängig gemacht und haderten mit ihrem Schicksal, ihrem, ach so schweren Schicksal.

Und der Herr Fröhlich war so ein Armer. Ein ganz Armer. Nur Böden mit Sand hat er. Deswegen sind er und seine Familie ja auch arm, bettelarm. Unten, am Ende der Skala derjenigen, die etwas zu sagen haben und einflussreich sind, leben er und seine Familie. Er, seine Frau, sein Sohn und seine alte Schwiegermutter leben in direkter Nachbarschaft zu den Baumanns. Ein Knecht, der Miloslav, ein nach dem Krieg bei ihnen Gestrandeter hilft ihnen. Der Hof ist alt und ärmlich. Mit Kühen fährt er aufs Feld. Ein schweres altes Joch aus Holz wird denen um den Hals gehängt, damit sie den alten Wagen mit seinen großen hölzernen Rädern über die Straßen und Wege ziehen können. Lebensgefährlich ist, dass mittlerweile nur noch der schmächtige alte Herr Fröhlich so vorsintflutlich sich durch den Ort bewegt, eine lange Schlange von Autos und Lastwagen hinter sich herziehend. Die Feldarbeit mit den Kühen ist schwer und mühsam. Jedes Mal, wenn das Gespann am Ende des Ackers die Richtung drehen muss, dirigiert der ausgemergelte Herr Fröhlich die beiden Kühe in einem großen Bogen in die neue Furche und hebt dabei mit aller Kraft den schweren Pflug oder die noch gewichtigere Egge hoch, um auch diese Geräte neu auszurichten. Um wie viel einfacher haben es da die reichen Bauern mit ihren Traktoren, die schnell und wendig eine Kurve drehen, bei denen die moderne Hydraulik die Arbeitsgeräte in die Höhe hebt, und schon geht es bei denen ohne eigene Kraftanstrengung weiter.

Die Toilette der Fröhlichs, wenn man das so nennen kann, ist ein Plumpsklo neben dem Mist, und wenn ein unglücklicher Fröhlich nachts oder am frühen Morgen, womöglich bei Schneefall oder eisiger Kälte einmal muss, dann bleibt dem nicht viel anderes übrig, als eine der kleinen weißen mit einem großen Henkel versehenen Schüsseln zu benutzen, welche jeder unter seinem Bett stehen hat. Morgens sieht man die alte Frau Beyer, die Schwiegermutter, wie sie ganz so wie eine der Zensis auf dem Oktoberfest, nur dass diese die Maßkrüge mit Bier vor sich her tragen, vier der weißen Pisstöpfchen, wie man die hier nennt, in der Hand vor ihrer ausgemergelten Brust trägt, womit natürlich noch ein wesentlicher Unterschied zu den Zensis auf dem Oktoberfest gegeben ist, wie sie sie über den Hof trägt und über dem Mist ausschüttet. Die Fröhlichs arbeiten hart und sie verdienen mit ihrer Hände Arbeit gerade so viel, dass es zum Leben reicht. Zu mehr nicht. Niemand darf krank werden, niemand darf sich von der Arbeit ausschließen. Einen Wirtshausbesuch kann sich Herr Fröhlich nicht leisten. Am Vereinsleben nimmt er nicht teil. Und doch schlägt er jetzt im Leben des Dorfs eine neue Seite auf und verhilft mehr oder minder allen zu einem noch größeren Wohlstand.

Auch bei den Fröhlichs heißt der Sohn wie der Vater. Der kleine Edmund ist etwas älter und größer als der kleine Albert. Das hindert beide aber nicht daran, Freunde zu sein. Wer Nachbar ist, der ist auch Freund. Also fährt der kleine Albert mit den Fröhlichs aufs Feld und also nutzt der kleine Edmund, seit er vor vier Wochen, eventuell schon in Erwartung des Geldsegens, wer weiß das so genau, aber auffällig ist es ja schon, zum ersten Mal die Tanzstunde am Samstagnachmittag in der Rose besucht hat, das Bad der Familie Baumann, das diese als einzige in der ganzen Straße besitzt. Samstagnachmittags von zwei bis drei Uhr sitzt der kleine Edmund im Bad und verlässt es mit einer Duftwolke von 4711. Dafür bringt die alte Frau Beyer jeden Samstag ein großes Stück Blechkuchen vorbei, das, wie der kleine Albert meint, weitaus »besser riecht, denn eigentlich stinkt dem Edmund sein Parfüm.«

Momentan sind der kleine Edmund und der kleine Albert ganz dicke Freunde. Seit kurzem umkreisen die Sputniks 1 bis 5 die Erde. Alle Zeitungsartikel darüber sammeln sie und kleben diese in einen Ordner ein und am Abend dann, wenn es dunkel ist, stellen sie die Leiter an den Stall, klettern auf dessen Dach, um näher am Himmel zu sein, und suchen mit dem alten Feldstecher des Herrn Fröhlich den Himmel ab und, es ist kaum zu glauben »Da dort, schau, ich sehe ihn« »Wo, gib das Fernglas her, wo?« »Na dort, sieh nur« »Ach ja, jetzt sehe ich ihn auch.« Der kleine Albert ist erst gestern deswegen schweißgebadet wach geworden. Er hat sich selbst an Stelle eines der Hunde Stelka und Belka im Sputnik gesehen, der hoch über der Erde seinen Ort umkreiste und »ganz genau habe ich unser Haus und den Friseursalon gesehen«, berichtete er am Morgen noch immer völlig aufgeregt. »Und welcher Hund warst Du?«, fragte der alte Albert. »Ach Opa, das weiß ich doch nicht mehr.«

Dass der Herr Stark mehrmals hat vorfahren müssen, war normal. Aber so oft, das stand so nicht in einem der normalen Drehbücher. Normalerweise wird der Herr Stark beim ersten Mal überall empfangen wie ein böser Geist. Entsprechend instruiert fing daher auch dieses Mal die alte Frau Beyer sogleich an wie wild zu kreischen und zu gestikulieren, ganz so, als ob ihr alle Glieder und Zähne im Körper zur gleichen Zeit schmerzen würden. »Um Gottes Willen, um Gottes Willen, Edmund, komm schnell, schnell«, rief sie aus, als ob hinter dem stämmigen Herrn Stark der Teufel in Form einer großen Feuerwalze, die alles in Schutt und Asche legen würde, zu sehen sei. Der so gerufene Edmund rannte schnell und flink, wie nun mal die Schmächtigen dazu in der Lage sind, herbei: »Mach, dass Du fort kommst, hinaus mit Dir, weg von meinem Hof, ich lasse den Hund los.« Und so geschah es denn auch und deswegen rannte der Herr Stark ja damals auch so aufgeregt zu seinem Wagen. Noch bevor er also einen »Guten Tag« hätte sagen können, begann der kleine Hund sein Spiel und rannte dem armen Herrn Stark nach. Nun, der kannte das Spiel und war darauf eingestellt. Aber dass er jedes Mal eine solche Angst vor den kleinsten Kötern bekam, das ärgerte ihn immer aufs Neue.

Jeder Besuch wurde etwas länger, etwas freundlicher. Zunächst ließ man den Herrn Stark aussprechen, um was es denn eigentlich ging. Nicht dass man das nicht schon gewusst hätte, aber man wollte es ja von ihm hören. Er musste bitten, damit man anschließend um so eindrucksvoller betonen konnte, dass man sich natürlich nicht, auf gar keinen Fall, nie und nimmer in diesem Leben von den Schollen der Vorväter wird trennen können und wollen, denn diese Vorväter würden sich ja im engen Grab herumdrehen und im Himmel, so diese denn schon dort wären, so ganz sicher konnte man sich ja nie sein, wollte man denen ja erhobenen Hauptes gegenübertreten. Und außerdem »Was Du ererbt von Deinen Vätern, erwirb es, um es zu besitzen«, fügte der Herr Fröhlich ein allseits bekanntes Sprichwort hinzu und erläuterte gleich noch, »um es zu besitzen, das heißt, mache es nicht zu Deinem Eigentum. Unser Grund und Boden ist nicht mein Eigentum. Ich besitze ihn von meinem Vorvorvätern und gebe ihn hier an meinen Sohn weiter und auch der wird kein Eigentümer sein.« Nein, ein Verkauf des Grundstücks käme auf keinen Fall in Frage.

Eine Woche später hörte man sich dann das Preisangebot des Herr Stark an, bot ihm eine Tasse frischen Bohnenkaffe an und betonte, dass dieses Angebot natürlich viel zu gering sein. In der abermals nächsten Woche überraschte dann der schmächtige, ausgemergelte Herr Fröhlich den Herrn Stark aber ganz gewaltig. Einen Moment lang taumelte der Herr Stark wie ein Boxer, dem sein Gegner in der ersten Minute des Kampfes, als der noch gar nicht gemerkt hatte, dass es richtig losgeht und es ernst wird, auf dem falschen Fuß erwischend, wie man so sagt, ruckzuck einen vernichtenden Schlag versetzt hat. Jetzt folgte das bekannte Stück nicht mehr bloß einer neuen Inszenierung, nein, jetzt änderte sich auch dessen Inhalt, und zwar »gewaltig«, wie der Herr Stark damals meinte und seine Stirn in Falten legte. Dieses Mal ging er in der Meinung zu seinem Wagen, dass der kleine fröhliche Herr Fröhlich nun dabei ist, ihn, den starken Herrn Stark aufs Kreuz zu legen. »Das macht es alles nicht einfacher. Aber gehen wird das auch«., sagte er sich dann aber, als er im Auto saß. So einfach gibt der Herr Stark nicht klein bei. Dann kostet halt ab morgen der Kubikmeter Sand entsprechend mehr. Macht ja nichts. Mein Sand und mein Kies wird gebraucht.«, dachte er damals und seine Mine erhellt sich wieder, »und wenn, bei alle dem bleibt auch noch etwas mehr bei mir hängen.«

Wie von einem mächtigen Schwungrad angetrieben dreht sich der Reigen der fröhlichen Runde im sich langsam, aber sicher in ein Tollhaus verwandelten Herrensalon immer schneller. Mit jeder neuen Flasche Wein, die der Herr Fröhlich aus den Beständen des alten Baumann holen ließ, wurde das Lachen und Feixen immer fester angeschoben. »Schaut mal, da draußen, der hat uns noch gefehlt«, johlen sie auf einmal laut im Chor. »Der hellste Stern am Firmament des Wirtschaftswunder-Himmels. Na, schaut Euch den an! Edmund, gegen den bist Du ein kleiner Fisch.« »Ja ,da habt ihr recht«, antwortet der so Angesprochene. »Mit dem will ich mich nun wirklich nicht messen. Der steht ganz oben.«

Der so Angekündigte lässt seinen Wagen auf dem freien Platz vor dem Friseursalon anhalten. Ein 600er Mercedes mit dem Kennzeichen FH-AA 600, also Frankfurt-Höchst, Arnold Achleitner 600 ist es. Jedes Fahrzeug, das der Arnold Achleitner fährt oder fahren lässt, beginnt mit FH-AA und dann der jeweiligen Typenbezeichnung. Sein Porsche hat daher das Kennzeichen FH-AA 911. Den Porsche fährt er selbst, die anderen Sportwagen auch. In diesem grauen Mercedes 600 lässt er sich natürlich fahren. Ein livrierter dunkelhäutiger Riese mit weißen Handschuhen springt vom Fahrersitz und öffnet dem Arnold den Fond des Wagens. Der Arnold ist von hier. Jeder kennt ihn. Beim Hochheimer Willy, gleich oben links an der Hauptstraße, also bei der Firma Draht und Kordel, wie dieses Installationsgeschäft, na sagen wir einmal wegen den pragmatischen Lösungen, die dort angewendet werden, genannt wird, hat er Spengler und Installateur gelernt. Gut aussehend und eloquent ist er. Großgewachsen, schwarzhaarig. Tadelloses, ausgesucht freundliches Benehmen hat er. Nie hat man ihn anders als erhaben lächelnd gesehen. Mit dem Dasein eines Spenglers und Installateurs hat er sich nie zufrieden geben wollen »und schon gar nicht jetzt, wo das Wirtschaftswunder da ist.«

Und so kam er auf die Idee, die Baumaschinen, die riesigen Raupen oder Lastwagen, die beim Bau des Assuan-Staudamms im fernen Ägypten niemand mehr brauchte, billig zu kaufen, nach Deutschland transportieren zu lassen, zu reinigen, etwas neu im Caterpillar-Gelb zu lackieren und dann hier, wo die Nachfrage nach diesen riesigen Geräten beim Bau der U-Bahn etwa in Frankfurt oder den neuen Autobahnen groß, das Angebot aber klein ist, mit hohen Gewinnmargen wieder zu verkaufen. Auch beim Herrn Stark in den Kiesgruben arbeiten Monster vom Arnold. Auch durch den Ort fuhren viele dieser Ungetüme. Der Arnold zeigte denen da, was er bewegt. Wie Hannibal seine Elefanten über die Alpen trieb, fahren ganze Karawanen dieser schon als ausgestorben geglaubten Mammuts durch die enge Hauptstraße. Mitarbeiter in der Uniform der Firma Achleitner begleiten sie und regeln den Verkehr, der sonst völlig zum Erliegen käme. Denn kaum durch die Straßen können die fahren mit Reifen, die höher sind als ein ausgewachsener Mann.

Der Achleitner Arnold verdiente dadurch sehr viel und zeigte es jedem. Schließlich hat er ein gutes, großes Herz. Durch ihn blühte das Vereinsleben hier und in der Umgegend auf. Kamen wenige Besucher zu einer Tanzveranstaltung, kein Problem. »Kommt, grämt Euch nicht, wie viel kostet der Eintritt, zwei Mark? Hier sind tausend Mark, das reicht für fünfhundert

Besucher, die wären sowieso nicht in den Saal gegangen, da habt ihr ein schönes Geschäft gemacht.« »Danke Arnold«, sagte dann der Kassierer. »Ach, nicht der Rede wert. Komm, ist schon gut.« Vor einigen Wochen hat er in seine neurenovierte Mühle, wo nur das beste, schönste und teuerste Material verarbeitet wurde, alle seine alten Klassenkameraden eingeladen. Jede seine ehemaligen Mitschülerinnen wurde auf seine Kosten bei den Baumanns frisiert, jede erhielt eine komplett neue Ausstattung an Unterwäsche sowie ein neues Kleid. Alles wurde denen ins Haus geliefert, damit sie »neu und fröhlich« bei ihm erscheinen konnten. Das war nur die Spitze des Eisbergs, das, von dem man hier im Friseursalon erfahren hat. Das Rad, das der Arnold Achleitner drehte, war jedoch noch viel größer.

»Guten Tag, die Herren, na was gibt es denn so ausgelassen zu feiern? Es scheint, dass ich da gerade richtig komme.« »Ja, komm, Arnold, Du hast noch gefehlt.«, sagte der Mitter Tony, »der Fröhlich Edmund hat ein gutes Geschäft gemacht.« »Ja was denn, der?« »Ja, der«, gibt der kleine, hagere Herr Fröhlich zurück und stellte sich direkt vor den großen Arnold. »Hier, nimm das Glas, gieß Dir ein, es hat auch noch etwas von der Fleischwurst, bediene Dich. Du bist mein Gast. Heute geht alles auf meine Kosten.« »Oh, danke, gerne Herr Fröhlich. Ja, was haben Sie denn da für ein Geschäft gemacht?« »Na, nichts Besonderes, ich habe dem Herrn Stark einen Sandacker verkauft.« »Ja und?«, fragte der Arnold zurück. Er hatte da so ein Gefühl, dass das noch nicht alles ist. Und in diese Kerbe hieb auch der Mitter Tony »Komm Edmund, erzähl mal. Der Stark kam aber oft zu Dir, was war denn da?«

»Nun ganz einfach, wie alle, die bislang verkauft haben, habe ich pro Quadratmeter zehn Mark gefordert. Die hat der Stark natürlich sofort zugesagt und er wollte mir schon die Hand zur Besiegelung des Abschlusses geben. Aber ich bin ja Bauer. Also habe ich dem gesagt, ich will außer dem Geld, damit ich und meine Nachkommen weiter Bauern sein können, genau so viel Grund und Boden, und zwar gutes, fettes, schwarzes Ackerland, wie ich ihm gebe. Und das natürlich zusätzlich zum Geld. Also oben drauf«. Wie er das so sagt, stellt sich der kleine Mann auf die Zehenspitzen und streckt sich nach oben, den Kopf hoch erhoben, triumphierend lächelnd. Wahrscheinlich das erste Mal in seinem Leben

Allen Anwesenden im Friseursalon stockt der Atem. »Das hast Du durchgesetzt?« »Ja, sonst hätte ich nicht verkauft.« »Aber«, so errechnete der Arnold Achleitner sofort, »damit steigt ja der Wert eines jeden Ackers hier im Ort. Jeder nach Ihnen wird das Gleiche wollen und jeder wird nicht nur Geld, sondern eine ebenso große Fläche guten Ackerlands haben wollen, das treibt die Nachfrage nach Grund und Boden und erhöht dessen Preis schlagartig und zwar nicht wenig, sondern ziemlich viel. Sie haben da aber einige zu Millionären gemacht. Was wollen Sie denn jetzt mit dem ganzen Geld machen?«

»Ja, und jetzt machen meine Frau und ich eine Reise mit dem Schiff, der Queen Elisabeth, nicht zu lang, aber auch nicht zu kurz.« »Was?«, scholl es da im Chor erschrocken. »Ja, wir machen eine Kreuzfahrt, das haben wir uns schon lange erträumt. Die neue Frau Lehrerin kommt ab jetzt jede Woche und wir lernen, wie man sich auf einem vornehmen Parkett benehmen muss, wie die besseren Leute das so machen, wir lernen, ich sage das ja nicht gerne, vornehm mit Messer und Gabel zu essen, und wir werden auch etwas das Tanzen lernen.« »Aber was, das glaube ich nicht«, sagt der Mitter Tony, »Glaube es oder glaube es nicht, das werden wir machen. So, Albert, komm sei so gut und rasiere mich.« »Ach Herr Fröhlich«, sagt der Arnold, »dürfte ich nicht gerade vor Ihnen dran, ich habe einen wichtigen Termin.« »Aber ja, Arnold, klar. Ich habe es jetzt ja nicht mehr eilig.«, erwidert der Herr Fröhlich in seiner fröhlichen Art. Der Arnold Achleitner ist ihm sympathisch. Nie hat er ihn von oben herab angesehen und, so soll es tatsächlich sein, der Arnold soll seine Mitarbeiter angewiesen haben, wenn sie mit den Monstern durchs Ort fahren und der Herr Fröhlich mit den Kühen auf der Straße ist, dann ist den Kühen immer und sofort die Vorfahrt vor den Mammuts zu gewähren.

Als der Achleitner Arnold auf dem großen grünen Frisierstuhl sitzt und der große Albert sich hinter ihn stellt, ihm den großen weißen Umhang umhängt und damit beginnt, die Haare zu schneiden, wird es ruhig im Salon. Der Mitter Tony ist gegangen, die anderen auch, das Fenster wurde geöffnet, um frische Luft herein und das Gemisch aus Zigarrenrauch, dem Duft warmer Fleischwurst sowie des Weins nach draußen verströmen zu lassen. Von draußen, hinter der Frontscheibe des grauen 600 Mercedes schaut der livrierte, weiß behandschuhte schwarze Riese traurig in den Frisiersalon, wo sein allmächtiger Chef auf einmal unvermittelt in einen traurigen Tonfall verfällt. »Sie sind ein besserer, ein gewiefterer Geschäftsmann als ich, Herr Fröhlich, das hätte Ihnen niemand zugetraut und Sie haben mehr für alle hier gemacht als ich mit all meinen Spenden. Und mit denen ist es leider vorbei. Ich muss nachher zum Amtsgericht fahren und Konkurs anmelden. Von hier nach Hochheim zum Gericht, das wird die letzte Fahrt mit diesem Mercedes sein. Alles ist futsch, nichts habe ich mehr, naja, bis auf das Wenige, was ich auf die Seite schaffen konnte. Alles habe ich riskiert und alles habe ich verloren. Ein noch größeres Rad wollte ich drehen. Immer größer sollte das Rad sein und immer schneller sollte es sich drehen. Sie werden es besser machen, sie sind bodenständig, auch wenn Sie sich jetzt mit Ihrer Frau auf die schwankenden Bretter eines Ozeanriesen begeben. Sie werden von Ihrem Verkauf vieles in die nächste Generation geben. Und Sie haben ja auch beim Herrn Stark einen schönen neuen Boden herausverhandelt, zusätzlich zu allem Geld. Der wird Ihnen bleiben und Ihr Vermögen dauerhaft vermehren. Eine clevere Idee. Ja, Sie stehen mit beiden Beinen auf dieser Erde, auf dieser guten, fetten, schwarzen Erde. Wissen Sie, ich bin aber nicht traurig, dass ich jetzt zum Konkursamt muss, etwas traurig bin ich natürlich. Ich bin ein Seiltänzer, der das Risiko im Leben liebt und hoch unter dem

Dach im Zirkus des Lebens tanzt, und wissen Sie, wer da so hoch tanzt, von oben auf die Leute und das Leben herabsieht, der kann halt auch tief fallen. So ist das halt bei uns Artisten, bei uns Seiltänzern.«

Post Scriptum:
Der Arnold Achleitner hatte recht. Der Herr Fröhlich blieb mit beiden Beinen auf dem Boden. Er genoss die Reise mit seiner Frau, von der viele Anekdoten kursieren. Häuser baute der Herr Fröhlich und er vermietete sie. Und mit dem Herrn Stark machte er noch einige gute Geschäfte. Dem Ort bescherte er einen Wohlstand, wie man ihn sich nicht hätte erträumen lassen, denn der Wert von Grund und Boden vervielfachte sich dank dem »fröhlichen Landverkauf«, wie man diesen von nun an nannte.

Der Arnold Achleitner kehrte immer wieder auf das Hochseil zurück und fiel in beständiger Regelmäßigkeit in ein Netz, das ihn auffing. Sogar nach Südafrika musste er sich fluchtartig absetzen. Doch auch dort kam er wieder hoch auf das Seil und tanzte dort als Verkäufer von Luxusjachten. Zuletzt wird von ihm im Zusammenhang mit einem Immobiliengeschäft berichtet, das ihm auf einen Schlag einen Gewinn von 8.5 Millionen Euro erbracht hat. Aber die Staatsanwaltschaft hat gegen ihn wegen des Verdachts der Verwendung von Insiderwissen ermittelt und damit einen Stein ins Rollen gebracht, der ihm einen erneuten Konkurs bescherte. Alles hat er verloren, auch die Villa im Wert von annähernd drei Millionen Euro, in der er zuletzt gewohnt hat. Deswegen hat er auch erneut dem alten Kontinent den Rücken zugewandt. Er soll jetzt in seinen alten Tagen im Miami Beach in Florida leben, im piekfeinen Ortsteil Coral Beach. Ganz sicher tanzt er auch dort wieder hoch oben auf dem Hochseil. Der begnadete Seiltänzer.

Die Herzensbrecherin

Über die Mijou, die eigentlich Monika hieß, haben wir schon so einiges erfahren können. Wir wissen, dass sie hübsch, nicht auf den Mund gefallen, temperamentvoll und fröhlich ist. Und wir haben auch schon davon gehört, dass mit ihr nicht zu spaßen ist, wenn sie kurz vor ihrer Mens steht. Da explodiert sie, wenn ihr jemand krumm zu kommen scheint, und geht hoch wie eine Rakete. Das alles wissen wir bereits, doch das ist bei weitem nicht alles, was es Interessantes über sie zu berichten gibt. Daher wollen wir sie nun hier etwas näher betrachten. Die Herren unter der Leserschaft werden schon lange genug darauf gewartet haben, die Frauen wahrscheinlich auch.

Die Männer möchten wissen, wie die Mijou hinter den Fassaden, die sie sehen, aussieht. »Was steckt da wohl unter dem weißen Kittel?« hat sich da so mancher gefragt, als er sie mit stoischem Blick und aufgewühltem Herzen in den Spiegeln vor sich betrachtete, »wie mag es wohl hinter dem aussehen, was uns allen sichtbar und doch so verborgen ist? Und wer mag wohl das Glück dieses einzigartigen Anblicks haben? Sind es gar mehrere?« Die Phantasien, welche die Männer hier für gewöhnlich plagen, sind grenzenlos. Deshalb wollen wir hier diese Fragen nur insoweit beantworten, als dass wir den Schleier, den die Mijou umgibt, etwas, ein klein wenig nur, lüften, einige Schichten davon zur Seite rücken, um quasi durch einen Spalt einen Einblick zu erhalten in das geheimnisvolle Kabinett der schweigsamen Mijou.

Wir wollen die versteckten Räume dieses Kabinetts nicht mit grellen Scheinwerfern ausleuchten, denn wir wollen der Mijou nicht alle ihre Geheimnisse entreißen. Wir wollen uns gleichsam bestückt mit einer kleinen Kerze, die ein wohlwollend warmes Licht spendet, auf den Weg machen, um etwas mehr von den Menschen, den männlichen hauptsächlich, zu erfahren, um die sich die Mijou dreht. Wir wollen auch nicht in das Antlitz dieser Herren schauen, ihre Motive ergründen oder gar deren Handeln versuchen zu verstehen. Lediglich die Silhouetten dieser Verehrer wollen wir uns etwas näher bringen und dabei aber auch deren letzte Geheimnisse nicht ans Licht der Öffentlichkeit zerren. Uns soll es lediglich darum gehen zu ergründen, wie es um das Herz der Mijou bestellt ist und welche Wirkung sie auf die Herzen derjenigen hat, mit denen sie, na sagen wir es einmal so, eine nähere Bekanntschaft pflegt.

Den Frauen unter der Leserschaft wollen wir eine Erlösung von dem sie zermürbenden Hintersinnen: »Was hat sie, was ich nicht habe?« anbieten. Dabei geht es den Frauen nicht ums Äußere. Darum geht es ihnen so gut wie nie. Ganz abgesehen davon finden Frauen Einschränkungen und Schwachstellen im Äußeren einer anderen Frau schnell und in einer für einen in diesen Dingen einfältigen Mann in einer kaum zu glaubenden Vielfalt. Splitter wachsen dort quasi im Zusehen zu veritablen Bäumen. Nein, um das Aussehen geht es den Frauen bei der Mijou eigentlich nicht. Es geht um die Begehrlichkeit. »Warum wird sie von allen Männern so begehrt?« und gedanklich wird dem dann noch hinzugefügt: »obwohl sie doch gar nicht so hübsch ist?« Und natürlich bedeutet eine derartige Fragestellung auch immer: »Und warum werde nicht ich so begehrt?«

Zwar versichert der eigene Mann so unglaubwürdig wie lautstark und bestimmt, dass das er die Mijou nicht begehrt. »Naja, die anderen sind schon ganz wild nach ihr, ich nicht. Ich habe ja Dich, mein Schatz!« Aber einer derart fadenscheinigen Versicherung kann natürlich nicht geglaubt werden, auch wenn sie stimmen sollte, wobei sie selbstverständlich in den meisten der vorgetragenen Fälle völlig gegenstandslos ist, also weder stimmt, noch, wenn man es einmal nüchtern betrachten würde, stimmen kann Je entschiedener ein derartiges Dementi vorgetragen wird, desto weniger wird es geglaubt.

Wir wollen also auch hier, durch einen Blick hinter die Kulissen, welche die Mijou da so tagtäglich im Friseursalon um sich herum hat, schauen, was sie denn so attraktiv, so begehrlich, ja letztlich so bedrohlich für andere Frauen machte.

Eins sei schon vorweg gesagt. Eine endgültige und eindeutige Antwort ist auf diese Frage unmöglich. Gleichwohl lassen sich Hinweise darauf aus den seinerzeitigen Geschehnissen im Friseursalon heraus kristallisieren.

Zunächst einmal wollen wir aber der Frage nachgehen, wie aus einer jungen Frau mit dem ziemlich bürgerlich klingenden Vornamen Monika die, na sagen wir es ruhig, etwas verrucht begehrte Mijou werden konnte? Vielleicht finden wir ja schon dabei einige Anhaltspunkte für die eingangs ausgiebig erörterten Grundsatzfragen. Um es schon gleich vorweg zu sagen: Auch dieses Rätsel kann hier leider nicht gelöst werden, denn wir wissen keine Antwort. Aber es gibt interessante Mutmaßungen, denen wir uns etwas widmen sollten. Die Einzige, welche uns hier vielleicht eine Auskunft geben könnte ist die Mijou selbst, doch die schweigt. Auf einmal sagten alle im Salon Mijou zur Monika. Der Name passte zu ihr, zweifellos! Und deswegen wurde es im Allgemeinen auch nicht hinterfragt, auch wenn es natürlich interessierte.

Vielleicht hatte es etwas mit dem Gerücht zu tun, dass ihre Vorfahren Hugenotten gewesen sein sollen. Diesen schrieb man langläufig ein Aussehen zu, das mit jenem der Monika oder besser gesagt mit demjenigen der Mijou schon zusammenpassen würde. Aber ob ihre Familie tatsächlich etwas mit den Hugenotten gemein hatte, ist eher unwahrscheinlich. Vermutlich wusste die Mijou selbst gar nicht, was es mit den Hugenotten auf sich hatte.

Plausibler klingt da eher die Vermutung, welche hinter vorgehaltener Hand von einigen Stammkunden diskutiert wurde, wonach Mijou eine mehr lautsprachige Zusammensetzung aus den französischen Wörtern mon und chou sein könnte, also zu Deutsch: »Mein Schatz«. Stellen wir uns die mögliche Situation einmal so vor, nur ganz grob skizziert versteht sich, die besagten französischen Worte seien, als sie in einer dunklen, eventuell dazu noch in einer schwül warmen Umgebung an ein Ohr der Mijou gehaucht oder vielleicht stakkatohaft einfach so vor sich hin gehechelt wurden, von ihr nur undeutlich aufgeschnappt worden, ohne dass ihr so recht klar war, worum es sprachlich, nur sprachlich natürlich, geht und um was es sich handelt, dann könnte sie so vielleicht durch eine gleichfalls unbedachte Äußerung gegenüber einer Freundin, der gegenüber sie vielleicht etwas prahlen wollte, selbst zu der Verbreitung ihres neuen Namens beigetragen haben.

Ihr hat wahrscheinlich damals dieser Kosename gefallen. Und wer von uns weiß denn schon, in welcher Verfassung sich damals ihr Gemüt befunden haben mag? Natürlich, wir können es uns denken und jeder von uns kann sich das ja selbst präziser vor seinem eigenen Erfahrungshintergrund ausmalen, weswegen wir hier auf eine nähere Schilderung der möglichen Umstände verzichten wollen. Also wer könnte es ihr da verdenken, dass sie damals, in dieser angedachten Situation und Umgebung, nicht nachgefragt hat »Sag mal, wie meinst Du das eigentlich?« Nein, so etwas darf, wer die Mijou auch nur ein bisschen kennt, nicht erwarten.

Egal, wie es auch immer gewesen sein mag, der Name Mijou passte zu ihr und so wurde sie denn auch genannt. Nicht zuletzt wurde es den biederen Familienvätern, den verschwitzten Handwerkern und den kräftigen bodenständigen Landwirten warm ums Herz, wenn sie mitten im Meer des rauen hessischen Dialektes »Mijou« hauchen durften. Dadurch konnten auch sie, mitten in diesem Friseursalon, eine kleine Insel der großen französischen Welt betreten und direkt etwas an dem sagenhaften Pariser Chic teilhaftig werden. Man war ja schließlich auch jemand, denn man hatte hier eine Mijou als »seine« Friseuse.

Auf einmal drehte sich das sonnig launige Lüftchen, das die Mijou zu umwehen pflegte und plötzlich stand sie ganz unverhofft und völlig unvermittelt im Zentrum einer größeren Auseinandersetzung, welche den Friseursalon erfasste.

»So geht es nicht mehr weiter, Albert«, beschwert sich nun auch noch der Bayers Franz. »Nein, Albert, Du musst das verstehen. Das Ganze hat jetzt ein Maß überschritten, das nicht mehr erträglich ist. Was zu viel ist, das ist zu viel, das musst doch auch Du einsehen!« Im Zwei-Tages-Takt werden nun die Unzufriedenen beim großen Albert vorstellig. Erst war es seine Frau, die Elsbeth. »Hör mal Albert, so geht es nicht mehr weiter. Das ist ja alles gut und schön, wie sich das im Herrensalon entwickelt, aber das ganze Geschäft wird einmal darunter leiden. Es kommen schon Klagen von den Kundinnen. Hier und da höre ich es. Die Gespräche verstummen zwar, wenn ich komme, und noch ist alles mehr oder minder hinter vorgehaltener Hand, aber da ist etwas, was mir gar nicht gefällt. Ich spüre das. Dem musst Du rechtzeitig Einhalt gebieten und Du kannst das auch nicht so weiterlaufen lassen. Man könnte ja meinen, Du hättest etwas mit der?«, sagte sie im Umdrehen und ließ den ob des letzten Halbsatzes doch sehr verdutzten Albert stehen. Das »mit der« war etwas scharf betont. »Wie kommt die denn jetzt darauf?«

Naja, dass er die da, um die es hier geht, auch schon mit anderen Augen als mit denjenigen eines Friseurs angesehen hat, das will er nicht verschweigen. »Ob sie da was gemerkt hat? Ja, habe ich da etwas übertrieben? Vorzuwerfen habe ich mir nichts! Aber der Gedanke hat ja durchaus was für sich. Warum eigentlich nicht? Ach was, Albert, hör auf mit solchen Gedanken. Das ist der Ruin für das Geschäft. Also Hände weg, die Augen können ja trotzdem aufbleiben.«

Dann war es der alte Albert, der kurz und knurrig bemerkt. »Du, der alte Kuhnert hat mich angesprochen. Das sei alles nicht mehr so wie früher, so fühlen sich die Alten nicht mehr wohl. Klar, die kommen nur zum Rasieren und damit ist nicht viel Geld zu verdienen, aber denke daran, die kamen ja schon zu mir, und das war die treue Kundschaft, als Du all die Jahre im Krieg warst. Wir müssen auf die Rücksicht nehmen. Und außerdem, der Kleine und ich, wir werden immer mehr verdrängt. Wir verlieren unseren Platz, das geht nicht! Auf gar keinen Fall!«

»Herr Baumann, wir müssen mit Ihnen reden«, kam dann auch noch eine Friseuse, quasi als Abgesandte aller anderen

Friseusen, also nicht ganz aller, mit Ausnahme der Mijou, um es korrekt zu beschreiben. »Die Kundinnen beschweren sich, das geht so nicht mehr weiter mit dem Herrensalon. Wir gönnen das der Mijou, und das ist ja auch toll zu sehen, welchen Zuwachs der Herrensalon hat und wie viele neue Kunden da kommen, aber ich denke, also wir denken, der Damensalon macht immer noch mit Abstand den größten Umsatz und wir können das unseren Kundinnen nicht mehr zumuten. Die Mijou kann ruhig weiter da vorne im Herrensalon bleiben, die soll gar nicht mehr zu uns in den Damensalon kommen, also darum geht es uns gar nicht, naja um das auch noch zu sagen, so gut war die ja bei den Damenfrisuren auch nie gewesen, da kamen ja einige Klagen, dass die Wellen und Schnitte nicht dem entsprachen, was die Kundinnen wollten. Also im Damensalon war die ja nie so beliebt.« »Ach so«, antwortete damals der große Albert, »das ist mir gar nicht so aufgefallen. Hast nicht Du sie noch letztes Jahr so gelobt?« »Ja, schon, aber da habe ich mich getäuscht. Das können Sie mir schon glauben, beliebt war die Mijou bei den Damen hier nie.«

Und dann kommt da auch heute noch die Mijou selbst. »Herr Baumann, können wir nicht einmal reden, wie das hier weitergehen soll, so kann es nicht weitergehen und ich hätte da auch schon eine Idee. Der Gil hat mich da gestern Abend …« »Gestern Abend? Ja war der denn gestern überhaupt hier, ich habe den gar nicht gesehen.«, und dabei zog der große Albert die Augenbrauen hoch, »äh, ich meine gestern, drauf gebracht.« Bei den Beschwerden ging es zwar immer um die Situation im Herrensalon, aber das war nur vorgeschoben. Im Kern der Sache ging es um die Mijou und das, was sie mit den Männern machte, wie sie deren Herzen im Flug eroberte und was sie in ihnen bewirkte. Es ging um das Beben in und das Brechen von Herzen. Alles Dinge, für welche die Mijou eigentlich gar nichts konnte, oder vielleicht ja doch?

Als die Mijou vor einigen Jahren an der Hand ihrer Mutter zum großen Albert kam, um wegen einer Lehrstelle nachzufragen, hat der ihr mehr aus Mitleid als aus Überzeugung ob ihrer Eignung zum Beruf einer Friseuse zugesagt. Schüchtern, scheu, zurückhaltend war sie, kaum ein Wort hat sie selbst gesagt. Nur »Ja« oder »Nein«. Das Gespräch damals hat die Mutter geführt. Der große Albert war sich auch nicht im Klaren darüber, ob die Mutter diesen Beruf wollte oder die Tochter. Dünn, ja hager und völlig schmalbrüstig war die Mijou, und der große Albert hat sich deshalb allen Ernstes gefragt, ob die Familie denn genug zu essen habe. Völlig aus der Luft gegriffen war dieser Gedanke nicht.

Die Familie der Mijou lebt zwar seit Generationen im Dorf. Aber sie leben seit Generationen am Rande der Dorfgemeinschaft. Aus dem Krieg kam der Vater krank und gebrochen. Er geht keiner Arbeit nach, kann keiner Arbeit nachgehen, obwohl überall händeringend nach Arbeitskräften gesucht wird. Lungenkrank soll der Vater sein und der große Albert fragte sich damals auch, ob der vielleicht die Monika angesteckt habe, ob sich auch ganz gesund sei, denn ein Risiko wollte er nicht eingehen. Immer noch hatten viele Leute Tuberkulose und die war ansteckend. »Und irgendwie schwindsüchtig sieht die Kleine aus«, dachte der große Albert.

Mit einer jüngeren Schwester und einem ebenfalls jüngeren Bruder wohnt die Mijou in einem alten, sicherlich auch leicht baufälligen Haus am Ende einer Sackgasse. Dort kommt niemand hin, der nicht muss. Auch deswegen kennt man ihre Familie kaum, nimmt man von ihr so gut wie keine Notiz. »Albert, darf ich Dich noch fragen, was die Monika bei Dir denn verdient«, fragte die Mutter noch zögernd, nachdem der große Albert seine Zusage gegeben hatte. »Fünfzehn Mark die Woche plus Trinkgeld, das sie erhält.« »Oh, das sind ja sechzig Mark im Monat! Hast Du das gehört, Monika?«, erhellte sich das Gesicht der Mutter. »Ja«. »Freust Du Dich?« »Ja, schon« »Und auch noch Trinkgeld, wenn Du freundlich bist, dann kommt da ja auch noch etwas zusammen. Aber das hängt natürlich ganz von Dir ab. Da musst Du freundlich sein.« »Ja«.

Dass die Monika freundlich und willig sein würde, davon war der große Albert durchaus überzeugt. Auch davon, dass vermutlich aus ihr eine passable Friseuse zu formen sein wird. Aber ob sie auch reden, sprich kommunizieren wird können, wie das bei einer erfolgreichen Friseuse der Fall sein muss? Das war ihm alles andere als klar nach diesem ersten Nicht-Gespräch mit ihr. »Meinst Du, dass Du Dich mit den Kundinnen wirst unterhalten können? Das ist neben dem handwerklichem Geschick das Wichtigste überhaupt für eine Friseuse.«, fragte der große Albert mehr rhetorisch, als auf eine wirkliche Antwort wartend. »Ich will es versuchen, Herr Baumann.« Na, ob dieser Versuch auch zu einem Erfolg führen wird, davon war der große Albert alles andere als überzeugt. »Aber vielleicht wird sie ja noch etwas gesprächiger und vielleicht entwickelt sie sich ja auch sonst noch.«, wobei er mit dem »sonst noch« deren körperliche Entwicklung vom Kind zur Frau meinte.

Tatsächlich entwickelte sich die Mijou. Und wie! Zunächst schälte sich die Mijou Schritt für Schritt aus ihrem autistischen Kokon heraus. Das Erste, was auffiel, war ihr herzhaftes Lachen. Das war gar nicht zu überhören und richtig wohltuend. Nicht zu laut, nicht zu schrill, dafür herzlich, offen und, ja man kann es sagen, mitreißend, ansteckend. Sie verbreitete damit im Salon ein vorher nicht gekanntes Gefühl von guter Laune. Wenn man sie bei ihrem Lachen, zunächst völlig ungläubig, anschaute, entschuldigte sie sich. »Oh, Entschuldigung«, hielt sie sich die Hand vor dem Mund, »bin ich zu vorlaut?« Nein, sie war das nicht, ganz und gar nicht, man war es nur nicht von ihr und in diesem Salon gewöhnt. Und dann fiel dem großen Baumann auf, wie sie beim Haarewaschen oder beim Abnehmen der Haarwickler, also bei den Tätigkeiten, welche die Lehrlinge im ersten Jahr überwiegend machen, mit den Kundinnen freundliche Gespräche führte. »Die ist ja gar nicht scheu und zurückhaltend«, änderte der große Albert seine ursprüngliche Meinung, »die ist eine geborene Plaudertasche.«

Und die Mijou spürte, wie sie bei den Kundinnen ankam. Wenn die ausgelernten Friseusen »ihren« Kundinnen die Haare richteten, danach den kleinen Handspiegel so hielten, dass diese die Kunstwerke auch von allen Seiten begutachten und bewundern konnten, der Umhang abgenommen wurde, dann war der Zeitpunkt der Anerkennung, des Trinkgeldes gekommen. Bislang immer nur für diejenigen, welche auch für die so gelungene Verschönerung verantwortlich waren. Nicht für die Zuarbeiter. Mit der Mijou änderte sich das. Was natürlich bei den »Alten« zur Verwunderung und zu der Überlegung führte, ob ihnen da nicht irgendetwas entgehen könnte. »Ach, wo ist denn die Kleine?« »Welche?«, fragten dann verwundert die alten Häsinnen, »na, diejenige, die mir da vorhin die Wickler abgenommen und die Haare gewaschen hat.« »Ach, Sie meinen die Mijou« »Ja, die meine ich, die Schwarzhaarige«, und einige sollen sogar noch hinzugefügt haben »die hübsche Schwarzhaarige.« »Mijou, kommst Du mal bitte«, riefen die dann in einem doch gekünstelt freundlich klingenden Ton, so dass mit einem »Ja bitte«, die Mijou geräuschlos, wie das ihre Art ist, sofort zur Stelle war.

»Das ist für Sie, mein Fräulein, das war ein nettes Gespräch vorhin und das haben Sie alles sehr gut gemacht. Es wäre schön, wenn Sie mich beim nächsten Mal wieder bedienen könnten.« »Oh, vielen Dank Frau Meyer, aber das wäre doch nicht nötig, aber nein, also bitte, das habe ich doch gerne für Sie gemacht. Oh, vielen Dank.«, quittierte die Mijou mit einer kleinen Verneigung den Umstand, dass ihr die Kundin eine oder mehrere Münzen in die Tasche ihres Kittels hat fallen lassen. Und die Mijou wusste mittlerweile, ohne nachzuschauen, genau, was das für Münzen waren, die da in ihre Tasche fielen, und addierte gedanklich deren Wert zur jeweiligen Gesamtsumme. »Na, das passt, nur so weiter und die neue Jeans ist mir, vielleicht liegt ja auch noch der schöne BH drin, heute ist ein guter Tag.« Je nachdem, wie die Münze fiel, war sie schwerer und größer oder halt kleiner und leichter.

Mittlerweile bekam sie immer mehr schwere und große Münzen und ihr Trinkgeld konnte sich sehen lassen. So gesprächig und so offen sie bei anderen Themen und Dingen wurde, so zugeknöpft blieb sie, wenn es um ihr Trinkgeld ging. »Das gehört mir, das geht niemandem etwas an, das habe ich mir verdient«, bestätigte sie sich und meinte damit den Teil des Trinkgeldes, den sie das »schwarze Trinkgeld« zu nennen pflegte und das in ihre schwarze Kasse kam. Dieses Geld gab sie nicht zu Hause an, das war der Teil, wovon sie, im Gegensatz zu ihrem Lohn, nichts zu Hause als Kostgeld abgeben musste. Auf dieses Kostgeld der Mijou wartete die Familie am Ende einer jeden Woche sehr. Der Vater wartete darauf, sich endlich wieder einmal Zigaretten kaufen zu können, und die Mutter war froh, einen Teil dessen, was sie beim Bäcker hat anschreiben lassen, nun abbezahlen zu können.

Für die Mijou war wichtig, dass sie endlich auch einmal Geld für sich, für sich ganz allein gehabt hat. Sie war glücklich darüber, sie fühlte sich frei und sie fühlte sich als wertvolles Mitglied der Gesellschaft, der Familie und des Damensalons. Endlich hat auch sie Geld, über das sie frei verfügen kann. »Und dieses Geld werde ich Gewinn bringend anlegen und ich weiß auch wie.«, sagte sie sich, genau wissend, was sie wollte und wo ihre Potenziale sind und, wie man heute sagen würde, wo ihre »Hebel« liegen.

Sie bewies einen sicheren Geschmack. Einen Geschmack, der zu ihrem Typ passte und der sie in den Augen der anderen gefallen ließ. Männer wie Frauen schauten sie gerne an. Die Männer begannen, sie zu bewundern, die Frauen, sie zu beneiden, wobei die eine oder andere natürlich auch eine gehörige Portion Missgunst hegte. Von letzteren wurden es immer mehr. Die Mijou entwickelte sich von einem Mädchen zu einer Frau, deren harmonische Proportionen durchaus den seit der Antike herrschenden Vorstellungen vom Idealbild des goldenen Schnitts entsprachen. Sie ist weich und rundlich dort, wo es gerne gesehen wird, und markant und eckig, wo es zu ihrem individuellen Charakter passt. Ihr Teint ist braun, ihre Haare schwarz und ihre großen dunklen Augen versprechen eine Glut, welche die Männer anzieht wie die Motten das Licht. In ihrem Wesen ist sie angenehm. Offen, warmherzig, hilfsbereit und scheinbar immer gut gelaunt. Kurzum, sie ist ein Mensch, mit dem man es gerne zu tun hat.

Auch dem kleinen Albert, mittlerweile schon etwas größer geworden, entgeht das nicht. Er mustert die Mijou, wann immer es geht, mit großen Augen, er geht ganz zufällig an ihr vorbei, wenn sie sich umzieht. »Na Albert, wie geht's?«, sagt sie dann ungeniert, nur im weißen Slip und weißen Spitzen-BH dastehend, was auf ihrer braunen Haut »umwerfend aussieht«, wie der kleine Albert so vor sich hin denkt. Wenn er dann so an ihr vorbeigeht, so langsam versteht sich, wie das nur möglich ist, fast stehen bleibend, dann streicht sie ihm über den Kopf, zieht ihn leicht an den Ohren oder streichelt ihm am Nacken. Dem kleinen Albert läuft es abwechselnd heiß und kalt über den Rücken. »So muss Liebe sein«, denkt er und möchte es gerne einmal ganz genau wissen. »Soll ich nicht einmal die Mijou fragen, ob sie mir einmal zeigt, wie das mit dem Liebemachen ist? Sie könnte mir das doch einmal zeigen?«, schwirrt es ihm in hormonell aufgeheizten Überlegen durch den Kopf, wobei ihm dann vor seinem geistigen Augen ein Film mit dem Titel abläuft: Der kleine Albert und die Mijou machen Liebe!

Doch die direkte Frage, ob die Mijou ihm die Liebe zeige, die traute er sich nicht. Oft nahm er dazu Anlauf. Auf Umwegen schlich er sich an sie heran. »Mijou, warst Du da in dem Film?« »Was für einen Film meinst Du?« »Du weißt doch, wo alle drüber reden. »Das Schweigen«. Der läuft hier im Kino, da soll man ja was sehen.« »Ja, man sieht da, wie ein Paar es treibt, aber nicht so genau.« Der kleine Albert denkt, er muss platzen. So erregen ihn diese Gespräche. Und einmal sagt die Mijou. »Warte einmal, ich zeige Dir was.« Und die Mijou geht an ihre Tasche und holt einen Briefumschlag, den sie vorsichtig, sich umschauend, ob die beiden denn auch wirklich allein sind, öffnet. »Da schau einmal.« Der kleine Albert begriff erst so gar nicht, was er da sah. Es war die Mijou. Nackt. Nackt stand sie da an einer Waldlichtung, beide Arme hinter dem Kopf verschränkt, ihren wunderbaren Busen direkt in die Linse des Fotographen reckend. Auf einem anderen Bild lag sie auf dem Rücken, lang ausgestreckt. Dann wiederum lag sie auf dem Bauch, die Unterschenkel nach oben haltend, den Kopf in beide Arme gestützt.

Und wie die Mijou da so aus den Fotos den kleinen Albert anschaut, so hatte der das Gefühl, sie sage »Komm, komm zu mir, umarme mich, lass es uns nun endlich einmal mit der Liebe probieren, auch wenn Du noch so jung bist, das macht doch nichts. Komm, ich zeige es Dir.« Und dann lief da ein Film in seinem Kopf ab, in dem er das Angebot annahm. Das Blut schoss dem kleinen Albert in den Kopf, seine Ohren glühten und konnten die Hitze gar nicht in dem Maße, wie es notwendig wäre, abstrahlen. Es kribbelte ihm am ganzen Körper. Und wie es ihm oben so richtig heiß und komisch wurde, wurde es ihm unten nass. Das ›Komische‹ war angenehm, das Nasse nicht. Fast ist man geneigt, hier eine kleine Pause zu machen und dem kleinen Albert zu dieser Inauguration alles Gute zu wünschen und ihn mit einem herzlichen »Willkommen im Club« in die Männerwelt aufzunehmen. Aber er hatte es auf einmal sehr eilig: »Mijou, hier die Bilder, ich muss«, und er ging eiligst auf die Toilette, um nachzuschauen, ob das eingetreten war, was er befürchtete und wovon er schon von Freunden gehört hatte. Die Mijou war ob des abrupten Abgangs des kleinen Alberts dann doch etwas verwundert. »An den Bildern kann es nicht liegen. Die haben bislang allen gefallen.« Wie hätte sie auch den wahren Grund für Alberts Flucht erahnen können! Mit derartigen Anfängerproblemen hatte sie keinen Erfahrungshintergrund.

Ihr Debut im Herrensalon hatte die Mijou mit der Zigeunerinvasion anlässlich der Hochzeit der Lieblingstochter des Clanchefs. Alle Gäste wurden im Salon hergerichtet, und während im Damensalon einige Friseusen bereitstanden, um die Massen dort in Nachtschichten zu bedienen, stand der große Albert im Herrensalon dem Ansturm der Massen alleine gegenüber. Also ließ sich die Mijou überreden und half dort aus. Zunächst widerwillig. »Aber nur für diesen Hochzeitskram, Herr Baumann«, sagte sie damals. Als sie so im Herrensalon stand und den jungen Männern die Haare schnitt, gewann sie dem immer mehr angenehme Seiten ab. Zunächst einmal wurden dort Gespräche geführt, die ihr viel angenehmer waren als diejenigen bei den Damen. Auf einmal ging es nicht um Kinder oder Männer, die nicht so taten wie ihnen geheißen, oder Schwiegermütter und Schwägerinnen, die gifteten und geiferten und alles andere als so waren, wie man sie sich ursprünglich vorgestellt hatte, und für einmal ging es nicht um Probleme der Wechseljahre. Alles Themen, welche die Mijou weder interessierten oder zu denen sie wirklich etwas beisteuern konnte. Und gleichwohl musste sie sich Mühe geben, der jeweiligen Kundin Rede und Antwort zu stehen. Der Trinkgelder wegen.

Hier im Herrensalon kreisten die Themen, jedenfalls bei den jungen Zigeunern, um ferne Länder, schöne Autos und das freie Leben eines Fahrenden. »Und der eine oder andere Typ, diese südländischen Typen im Allgemeinen, sehen auch noch gut aus. Eigentlich ist das hier im Herrensalon gar nicht so schlecht. Ganz abgesehen von den Trinkgeldern«, dachte sich die Mijou. Also blieb sie im Herrensalon. »Herr Baumann, wenn Sie da hier Hilfe brauchen, dann komme ich«, bot sie an und der große Baumann griff gleich beherzt zu »Ach weißt Du was, Monika, bleib doch da und übernehme Du die Haarschnitte der jüngeren Kunden und ich rasiere und frisiere die älteren Herren.« Damit war der Grundstein für den Aufschwung des Herrensalons gelegt. Es kamen die alten Stammkunden und einige sagten zum großen Albert »Lass nur Albert, Du hast doch genug anderes zu tun, ich warte auf die Mijou.«

Selbst der alte Rossmann wollte zur Mijou. Diese überroch seinen Kuhstallduft, war wie gewohnt freundlich und der alte

Rossmann besann sich auf einmal darauf, dass er ja gar nicht wenig Rente bekommt und steckte der Mijou ein Trinkgeld zu, das demjenigen eines Fürsten leicht zu entsprechen vermag. Neben den alten kamen viele neue Kunden. Herren, die vorher noch nie da waren. Irgendwie muss sich da etwas rumsprechen. »Wir möchten gerne von der Dame bedient werden«, betonten die neuen und warteten gerne. Manchmal bildete sich deswegen eine längere Warteschlage. Den Herren macht das nichts aus. »Ich warte gerne. Heute habe ich sowieso Zeit.« Einige wollten dann auch noch nach der Bedienung gerne etwas verweilen, »Wir haben gerade so ein interessantes Gespräch.« Dadurch wurde es eng, immer enger im Herrensalon, und die alteingesessene Kundschaft, die Stammkundschaft »mit älteren Rechten wird an die Wand gedrückt« wie einmal der Müller Seppel sagt. »Oder muss gar stehen.« Mit all den neuen, fremden Kunden kommt auch er: der Gil. Doch der kommt zunächst wirklich nur zum Haareschneiden. Nicht wegen der Mijou. Von der hatte er vorher in seinem Leben noch nie gehört.

An einem schönen warmen Frühlingsnachmittag im Mai fährt er mit seinem offenen Chevrolet Cabrio, einem Straßenkreuzer, wie man hier so ein Auto nennt und wie man es hier so nur von Bildern her kennt, vor. Im Nachbarort am Ufer des Mains wird eine Raffinerie gebaut. Ein riesiges Bauprojekt. Der nahe Frankfurter Flughafen braucht mehr Kerosin, die zunehmende Motorisierung verlangt mehr Benzin. Also braucht es eine Raffinerie, und die wurde quasi schlüsselfertig von einer Firma gebaut, deren Name zur Aura passt, welche das ganze Projekt umgibt: Chicago Bridge. Und deren hiesiger Chef, der Boss der Baustelle, ist Gil. Etwa vierzig Jahre alt, eher weniger als mehr, drahtig, schmal, gut trainiert. groß, dunkelhaarig, gebräunt. Mit einem Aufsehen versehen, aus dem man schließen kann, dass der Mann weiß, was er will, und dass er gewohnt ist, seine Ziele zu erreichen. Seine eleganten Schuhe sind mit kleinen Eisen versehen, so dass seinem Auftreten so etwas wie ein Stiefelklappern vorausgeht. Das macht

Eindruck. So etwas hat man vor ihm hier noch nicht gesehen. Ebenso wenig wie sein tolles amerikanisches Auto. Von Geblüt her ist der Gil Armenier. In Amerika aufgewachsen und mit einem amerikanischen Pass versehen. Er ist armenischer Amerikaner. Wenn man so will, ist der Gil von seinem Aussehen her eine frühe Version von George Clooney.

Als er auf dem großen freien Platz vor dem Friseurgeschäft vorfährt, ist, wie das der Zufall so manchmal richtet, im Herrensalon nichts los. Bis vor einer Stunde hat es dort noch gebrummt, waren fast alle Plätze besetzt. Nun aber ist der letzte Kunde gerade gegangen und die Mijou ist am Herrichten des Platzes rund um den großen grünen Frisierstuhl. »Ja, wen haben wir denn da?«, denkt sie bei sich und schaut nach draußen, dem Gil direkt in die Augen, und da bildet sich bei ihr eine leichte Gänsehaut, etwas läuft ihr über den Rücken und sie kehrt am Boden Haare weg, wo gar keine sind. »Na, dem würde ich aber gerne einen Fassonschnitt verpassen, naja, und warum nicht etwas mehr? Na schau, der kommt ja geraden Weges hierher.«

Im holprigen Deutsch, unterlegt mit vielen Amerikanismen, beginnt er ohne Zögern ein Gespräch, in dem sich die beiden Fremden sofort finden, ganz so, als wären sie alte Bekannte, so als hätten sie ihr ganzes Leben lang miteinander gesprochen. Die Mijou lacht und strahlt, er fühlt sich geschmeichelt und holt alles aus sich heraus, was sein weltmännischer Charme zu bieten hat. Die Glut-Augen der Mijou schauen ihn direkt aus dem großen Spiegel vor ihm in einer Art an, dass seine Hormone, wie von einer immer schneller rotierenden Zentrifuge angetrieben, in ihm einen wilden Tanz vollführen. Ihm wird erst angenehm warm, dann beginnt er leicht zu schwitzen. Obwohl die Mijou sich Zeit ließ und jedes Härchen einzeln zu schneiden schien, verging beiden alles viel zu schnell, der Moment enteilte wie im Fluge. Und als er geht, er sich von ihr verabschiedet, wünscht sich die Mijou: »Hoffentlich kommt der bald wieder«. Der Gil überlegte sich, entgegen seiner Art, genau die Höhe des Trinkgeldes und er entscheidet sich für einen kleinen, sehr kleinen, eigentlich nur symbolischen Betrag. »Ich will sie nicht bezahlen, nicht das Geld soll für mich sprechen.« Und die Mijou interessiert das Trinkgeld dieses Mal überhaupt nicht. Sie achtet gar nicht darauf, ob da eine große oder kleine Münze in die Tasche ihres Kittels fällt. Sie will nur, dass Gil wiederkommt, möglichst rasch und möglichst wieder so günstig, nämlich dann, wenn niemand oder nur ganz wenig andere Kunden da sind.

Und der Gil ist zunächst jede Woche gekommen. »Zum Frischmachen«, wie er es nennt. Natürlich kam er dabei auch zu Zeiten, wo der Herrensalon voll und die Mijou eigentlich gar keine Zeit hatte, um sich mit besonders viel Zeit um ihn zu bemühen. Doch sie tat es. Sie sprachen dann so leise, so liebevoll und vertraut miteinander, dass die um sie herum gespannt lauschenden anderen Kunden nichts verstehen konnten. Kein einziges Wort. Nach einer Weile fragte der Gil: »Monika, darf ich Sie einladen? Wollen wir nicht heute oder morgen Abend etwas an den Rhein fahren? Ich kenne da in den Weinbergen ein schönes Lokal, wo wir gemeinsam etwas essen könnten. Ich würde mich sehr freuen.« So sehr das der Mijou gefällt und so sehr sie eigentlich auch will, so groß ist jetzt die Bedrängnis, in die sie kommt.

Mit dem »Kumber«, wie er hier genannt wird, ist sie seit langer Zeit liiert. Eigentlich ist, wenn alles so läuft, wie das hier läuft, alles klar. Ohne einen formalen Akt ist sie mit ihm so gut wie verlobt. Für alle ist das klar und ersichtlich. Der Kumber ist der Sohn des größten Metzgers hier in der Gegend. Aus einem Nachbardorf stammt er und er selbst ist auch Metzgergeselle und natürlich Juniorchef. Einen roten offenen englischen Sportwagen fährt er und ein wilder Geselle ist er. Blond muskulös, seine männliche Statur, wann immer möglich zur Schau stellend, und seine direkte, kraftvolle Art, wann immer möglich, zur Schau tragend. Ständig ist er in der Stimmung und in der Aggressivität eines balzenden Auerhahns. Seine Federn immer aufgestellt und weit gespreizt. Sein Kamm ist zum Ausdruck seines Imponiergehabes rot und prall angeschwollen. Der Mijou gefällt dieser Gockel. Auch sein Gehabe. Sicher und respektiert fühlt sie durch ihn auch sich. Sie lässt sich deswegen von ihm führen und verführen. Seine Präpotenz stört sie nicht. Wirklich? Sie hat bis jetzt die andere Seite nicht kennen gelernt. Jetzt schon. Etwas zumindest.

Der Gil führt andere Gespräche, anspruchsvollere. »Ich habe nie gedacht, dass ich da mitreden kann. Aber ich kann es. Ich muss nicht nur über den neusten Film, die Wurst und den nächsten Eissalon reden. Was mir der Gil über seine armenische Heimat erzählt hat, das interessiert mich, er kennt sich aus. Er lässt mich zu Wort kommen. Für ihn bin ich wichtig und bei ihm ist es nicht so, dass nur er an erster Stelle kommt und ich weit abgeschlagen nach ihm. Deswegen lässt er mich auch ausreden und er kann mir zuhören und meine Fragen beantworten.« So dreht es sich der Mijou im Kopf. »Aber bei dem Komber weiß ich, was ich habe. Was ist, wenn die Raffinerie hier fertig ist? Wo bleibe ich dann? Hier alleine, wie die vielen anderen nur noch vergeblich wartend auf den ach so lieben GI, um von ihm nach Amerika geholt zu werden. Vergeblich warten die. Naja, den einen oder anderen Glücksfall gibt es ja auch. Ist nicht die Monika Meier jetzt glücklich in Florida, hat sie nicht zwei liebe Kinder und einen Mann, der erfolgreich ist und sie vergöttert? Ja, das hat sie. Kann ich dem Gil vertrauen?« Sie findet keine Antwort. Wenn sie mit Gil in aller Heimlichkeit unterwegs ist, verschwinden alle Zweifel. Wenn sie allein ist, ist sie voller Zweifel. Sie spürt, dass sie sich entscheiden muss, denn der Aufenthalt des Gil neigt sich dem Ende zu und er hat sie schon gefragt: »Monika, was wird mit uns? Komm mit mir!«

Die Zweigleisigkeit, die sie seit einiger Zeit fährt, kann nicht verborgen bleiben. Sie ist nicht die einzige Friseuse hier, die zweigleisig fährt. Jeder bekommt hier die verschiedenen Verhältnisse mit. Jeder sieht, wer zufällig von einem anderen abgeholt wird, und es macht die Runde, dass bei einer Kollegin der Liebhaber mit den Schuhen in die Wohnung gelassen wird, während der eigene Mann vor der Haustür die Schuhe ausziehen und in der Wohnung die Pantoffel anziehen muss. »Das will ich nicht. Ich muss mich entscheiden. Ich will nicht zu so einem Gespött und Getuschel der anderen werden.«

Auch der Kumber fragt immer öfter: »Was ist mit Dir?« Und es ist kein Wunder, dass er etwas merkt. »Die raue Art, wie er mit mir schläft, will ich nicht mehr. Ich will nicht mehr zack-bum genommen werden, sondern langsam sanft in den Armen gehalten und ich will auch selbst zu Wonnen geführt werden und nicht nur die Gespielin für einen Mann sein, der sich als Sonne fühlt und um den herum ich mich drehen muss. Ich will keinen Kraftprotz, der glaubt, er ist alleine auf der Welt. In seinem Schlachthaus ist er Herr über Leben und Tod, gewöhnt daran, der Allmächtige zu sein. Aber nicht bei mir! So wie es Gil tut, so will ich es. So sanft und dann aber auch so energisch, wie er es tut, will ich es und nicht das ständige Geficke, im engen Auto, drei oder mehr mal wie letzten Samstag im Autokino, in Lichtungen im Wald oder, wenn die Gelegenheit günstig ist, zu Hause über dem Schlachthaus. Der Gil weiß vom Kumber, aber er hat mich nie direkt nach ihm gefragt. Er übergeht ihn, er scheint für ihn nicht da zu sein. Aber warum ist er nicht wichtig für ihn, bin ich es vielleicht auch nicht? Was soll ich machen?«

»Monika, geht es Dir nicht gut?«, spricht der große Baumann diese einmal unverhofft an, als es auf den Feierabend zugeht und nur sie beide noch im Herrensalon sind. »Ich höre seit einiger Zeit nicht mehr Dein Lachen und ich sehe, dass Du oft einen betrübten Eindruck machst. Das bin ich gar nicht von Dir gewohnt. Ich weiß, alle sind unzufrieden mit der Situation im Herrensalon, und wenn Du willst, können wir jetzt gut darüber reden und uns eine Lösung einfallen lassen.« »Es geht nicht um den Herrensalon, da ist alles in Ordnung und es kommen ja immer mehr statt weniger neue Kunden. Nein, das ist es nicht, aber natürlich brauchen wir auch da eine Lösung.« »Aha, um was geht es denn dann, wenn ich so direkt fragen darf? Kann ich Dir helfen?« »Ich glaube nicht. Ich habe mich zwischen zwei Stühle gesetzt, und wie ich mich auch entscheide, ist es keine gute Entscheidung.«

»Ich weiß vermutlich, wovon Du sprichst, und kann Dir das nachfühlen. Es geht sicherlich um eine Entscheidung zwischen dem Kumber und dem Gil?«, dem großen Baumann ist natürlich die Liaison mit dem Gil nicht entgangen, »Ja, ich denke auch, da geht es so nicht mehr weiter. Tja, das ist schwierig. Aber musst Du Dich denn jetzt entscheiden, ich meine, kannst Du nicht warten, bis Du weißt, was Du willst, bist Du Dir darüber im Klaren bist, was Du willst?« »Etwas warten kann ich schon. Aber ob es dadurch besser wird? Das ist nämlich alles andere als einfach. Ich warte ja schon eine geraume Zeit.« »Ja, das habe ich ja mitbekommen. Weißt Du, ich denke, dass sich die größten Probleme im Leben auf einmal wie von selbst lösen. Manchmal ist einfach für eine Lösung noch nicht der richtige Zeitpunkt gekommen. Die Zeit spielt auch eine wichtige Rolle im Leben und so mancher Knoten im Kopf löst sich auf einmal auf, und wo gestern noch Nebel war, ist dann heute alles klar und deutlich zu erkennen.« »Ach Herr Baumann, warten, warten. Ob das was bringt? Wie lange wollen Sie eigentlich noch warten?«, rutscht ihr es auf einmal heraus.

»Was meint sie da?«, denkt sich der große Albert. »Spielt sie da auf Elsbeth und mich an, ja, da sollte ich einmal reden. Von selbst ändert sich da nichts.« Der große Albert überhört die letzten Worte der Mijou und diese fährt, um ihre Rückfrage zu überspielen, dann auch gleich fort: »Aber vielleicht haben Sie ja recht. Ich sollte mir mehr Klarheit verschaffen und warten. Ich habe es ja auch schon ohne Erfolg mit mutigen Taten, wenn man das so nennen will, versucht. Ich habe es ja schon probiert, klar Schiff zu machen. Dem Kumber habe ich den Laufpass gegeben, der hat mich fast erwürgt deswegen und nach zwei Wochen habe ich es ohne ihn nicht ausgehalten. Dem Gil habe ich Adieu gesagt und nach drei Tagen schon habe ich ihn wieder angerufen.« »Auf der anderen Seite hast Du die Auswahl zwischen zwei Männern, ach, was sage ich da, zwischen vielen Männern. So manche Frau, die alleine ist, würde sich das wünschen. Was Du im Überfluss hast, daran haben die Mangel. Von vielen Männern hier im Herrensalon hast Du die Herzen erobert.« »Ja und jetzt breche ich die Herzen derjenigen, die mir wichtig sind. Drei Herzen werden vor die Hunde gehen.« »Drei? Wer ist denn der Dritte?« »Na, der bin ich. Der Gil, der Kumber und ich.« »Ach so. Ja, verstehe.«

»Wollen wir trotzdem noch über den Herrensalon reden? Ich denke, dieses Problem ist einfach zu lösen?«, hakte der große Albert nochmals nach. »Ja, klar. Die Situation ist ja die, dass immer mehr kommen und die Leute nie gleich gehen wollen. Also wir haben da Platzprobleme. Und was noch dazu kommt, ist, dass die, wenn sie fertig sind, auch nicht gleich gehen wollen. Auch dadurch staut sich alles. Dann ist dann auch noch das mit den Kundinnen. Jede muss da wie über einen Laufsteg oder wie bei einer Fleischbeschauung an den Typen vorbei. Das gefällt denen natürlich auch nicht. Und auch da bin ich an allem schuld.« »Naja, so ist es ja auch nicht.« »Du hattest einmal etwas von einem Vorschlag vom Gil gesagt.« »Ja. Der Gil hat gemeint, dass Sie vielleicht den Raum da nebenan, also gegenüber dem jetzigen Herrensalon, dort, wo das Büro ist, wo die Marie bügelt und so, dass wir das zu einem weiteren Herrensalon machen könnten. Dort könnte ich hingehen und hier bleibt alles so beim Alten. Wir könnten dort drüben auch eine kleine Kaffeebar machen und könnten denen, die noch verweilen und kommen, Kaffee und so verkaufen.« »Gute Idee. Lass mich etwas darüber nachdenken und das muss ich ja auch noch besprechen. Aber ich denke, dass wir das so machen werden.«

»Da draußen ist der Gil«, zeigt der große Albert auf den freien Platz. »Der wartet sicher auf Dich.« »Ja, der holt mich ab.« »Heißt das denn, Du hast Dich entschieden oder eine Vorentscheidung getroffen?« »Haben Sie nicht gesagt, dass sich die Dinge von selbst lösen? Ich denke auch, dass dies das Beste ist. Ich vertraue auf Ihren Rat und warte ab. So schlimm, wenn ich mir den Gil so ansehe, sind die beiden Alternativen ja auch wieder nicht.«

Post Scriptum:
Die vom Gil vorgeschlagene Lösung wurde umgesetzt. Die Mijou erhielt ihren eigenen Herrensalon mit Kaffeebar. Sie erweiterte das Angebot immer weiter und es soll im größeren Umkreis die am besten florierende Bar überhaupt gewesen sein. Hier war es also einfach, eine allseits befriedigende und erfolgreiche Lösung zu finden.

Zwischen den beiden Männern konnte sie sich nie wirklich entscheiden. Sie heiratete erst den Kumber, ohne die Beziehung mit dem Gil ganz aufzugeben. Obwohl sie die meiste Zeit mehrere tausend Kilometer voneinander entfernt lebten, blieben sie sich immer nah. Dann ließ sich die Mijou vom Kumber scheiden und zog zum Gil, um nach drei Jahren wieder zum Kumber zurückzukehren, ihn erneut zu heiraten, um mit ihm in Spanien ein neues Leben zu versuchen. Auch dort wurde sie nicht glücklich. So kehrte sie allein wieder in das Dorf zurück, wo sie nach kurzer Zeit schwer herzkrank wurde und sich mehreren gefährlichen Operationen unterziehen muss. Deshalb hat man sie auch schon lange nicht mehr lachen hören. Aber wenn man sie sieht, so kann man auch jetzt noch ihre Schönheit und Ausstrahlung spüren und sehen.

Neulich sagte sie zum kleinen Albert, der heute selbst ein großer Albert ist: »In Eurem Herrensalon sind mir alle Herzen nur so zugeflogen.« »Ich weiß. Auch meines war dabei!« »Ja, das weiß ich. Obwohl ich da doch mehr den Eindruck hatte, dass es nicht Dein Herz, sondern Dein … Na, lassen wir das, Ja, Dein Herz muss es gewesen sein. Vielleicht hätte ich mich ja auch für Dich entscheiden sollen? Aber Du warst zu jung und ich konnte mich zwischen dem Gil und dem Kumber nie entscheiden. Noch heute nicht. Und was ist mir geblieben? Viele schöne Erinnerungen und ein gebrochenes Herz, an dem ich wohl bald sterben werde.«

Die Schuldigen

Normalerweise predigt der Herr Pfarrer direkt vom Altar aus. Er dreht sich dann um, den Rücken zum Kreuz, das Gesicht direkt in Richtung der ihm anvertrauten Herde. Nur an hohen Feiertagen schreitet er würdevoll langsam hoch auf die Kanzel, welche links am Beginn des Altarraums etwa drei Meter über den Köpfen der mehr oder minder gläubigen Gottesdienstbesucher angebracht ist. Ein wuchtig geschwungenes Dach in Form einer goldenen Krone verleiht ihm eine majestätische Aura. Um die oberste Spitze dieses überdimensionierten Zeichens der Herrschaft flattert eine Taube als Symbol des hier quasi leibhaftig anwesenden Heiligen Geistes. Somit steht fest: Das hier Gesagte ist von göttlicher Weisheit, ist unfehlbar. Da ist sich der Herr Pfarrer ganz sicher. Meistens jedenfalls.

In den letzten Jahren sind hohe Feiertage Ostern, Weihnachten und Pfingsten sowie der Weihetag der Kirche, an Maria Himmelfahrt. Davor, als noch ein anderer Herr Pfarrer hier seiner göttlichen Berufung nachkam, war das anders. Auch an des Führers Geburtstagen oder den noch früher vereinzelten siegreichen Feldzügen wurde die Kanzel als Ort der Verkündigung der frohen Botschaft genutzt. Diese Tage waren nun mit dem neuen Herrn Hochwürden keine Feiertage mehr. »Schandtage sind das«, wie er sich einmal ausdrückte. Außerdem hat sich ja auch die politische Couleur von Braun in Schwarz oder Rot gewandelt. Je nach Bundesland halt. Abgesehen von den hohen kirchlichen Feiertagen nutzt der Herr Pfarrer die Kanzel auch noch dann, wenn er Wichtiges zu verkünden oder zu erläutern hatte.

Dieser Pfarrer ist noch nicht lange hier. Sein Vorgänger wurde in die Bistumsverwaltung versetzt. Monsignore ist er geworden, einen päpstlichen Ehrentitel hat er also erhalten. »Wofür eigentlich?«, das fragen sich so einige. »Weil er aus dem Verkehr gezogen wurde und man ihm den Abgang schmackhaft machen wollte«, meinten einige und fügten erläuternd hinzu »Der ist jetzt nicht mehr tragbar gewesen, so wie der sich mit den Nazis arrangiert hatte. Deswegen hat seine Eminenz, der Herr Bischof, einen neuen Hirten gesucht, der in der Lage ist, diese etwas vom rechten Weg abgekommene Herde wieder auf den richtigen christlichen Pfad zurückzuführen, ja einen, der sie wieder auf Vordermann bringen und diesen Saustall ausmisten kann«.

Der neue Pfarrer schien ihm dazu gerade der Richtige zu sein. Er ist ein Meter neunzig groß, von kräftiger Statur, und sein wuchtiger kahlgeschorener Schädel verspricht jedem, dem es in den Sinn kommen sollte, sich ihm in den Weg zu stellen, einen kräftigen Rammstoß. Ein Spätberufener ist er. Vorher war er bei der Bahn Lokführer. Im Führerstand einer riesigen Dampflock tat er Dienst. Im heißen Sommer genauso wie im bitterkalten Winter. Er ist es gewohnt, dass ihm der Wind um die Ohren pfeift. Ja, er liebt den Gegenwind. Gerne lehnte er sich seitlich aus dem Fenster des stählernen Monsters und ließ sich den kalten Wind über das erhitzte Gesicht wehen. »Man kann es sich nicht aussuchen, an welchen Platz einen Gott setzt. Aber dort, wo man hingesetzt wird, da erfüllt man seine Aufgabe mit Fleiß und Anstand«, pflegt er zu sagen. Sportlich ist er. Mit Stolz trägt er das goldene Sportabzeichen am Revers seines schwarzen Anzuges. Er raucht und trinkt nicht.

Nun wäre es falsch, ihn als einen intelligenzlosen Kraftprotz anzusehen, der die Zwischentöne in der Litanei dieser Welt nicht kennt. Ganz im Gegenteil. An der Jesuitenuniversität St. Georgen in Frankfurt hat er studiert. Mit allen Wassern der Dialektik und Rhetorik ist er gewaschen. Seine Berufung zum Priestertum erhielt er als Bewunderer des unerschrockenen Bischofs Graf Galen. Dessen offenes Wort und dessen erklärter und mutiger Widerstand gegen die Nationalsozialisten imponierten ihm. Während des Kriegs blieb er Lokführer. Er war unabkömmlich, wie man es damals bezeichnete. Er erfüllte einen gegen Ende des Krieges immer gefährlicheren Dienst in der Heimat, da die fahrenden Züge ein lohnendes und leichtes

Ziel für die Alliiertenbomber waren. Nebenbei erfüllte er so aber auch unerkannt Kurierdienste für diejenigen Priester, die im Gefolge zu von Galen Widerstand gegen den Nationalsozialismus leisteten. Gleichzeitig begann er noch während des Kriegs mit einem Theologiestudium. »Schmalspurstudium«, wie heute einige mit der Nase rümpfen.

Ohne zu zögern, nahm er aus der Hand des Bischofs die »schwere Aufgabe«, wie dieser es bezeichnete, an, hier seine erste Herde als Verwalter der Interessen und im Namen des Herrn Jesu Christus zu übernehmen. In seiner Antrittspredigt schloss er mit den Worten von Galens: »Wir sind Amboß und nicht Hammer! Aber seht einmal zu in der Schmiede! Fragt den Schmiedemeister und laßt es euch von ihm sagen: Was auf dem Amboß geschmiedet wird, erhält seine Form nicht nur vom Hammer, sondern auch vom Amboß. Der Amboß kann nicht und braucht nicht zurückzuschlagen; er muß nur fest, nur hart sein. Wenn er hinreichend zäh, fest, hart ist, dann hält meistens der Amboß länger als der Hammer. In diesem Sinne des verehrten Bischofs von Galen wollen wir ehrlich und standhaft die Zukunft meistern. Amen« »Amen«, antwortete die verdutzte Gemeinde.

»Das wird nicht einfach mit dem«, schwante da schon so manchem. »Das ist ein harter Brocken«, sagte der Müller Anton im Frisiersalon. Hier, in den Gaststuben, aber auch an vielen Familientischen wurden von nun an die wichtigen Predigten des Neuen, die Kanzel-Predigten, wie man sie auch nannte, kontrovers und zum Teil mit äußerster Leidenschaft diskutiert. Seinen Worten entziehen konnten sich nur wenige.

Seit knapp zwei Jahren ist der neue Herr Pfarrer jetzt schon im Dorf. Seine letzte große Predigt von der Kanzel hatte er vor gerade zwei Wochen gehalten. Er war kurz davor durch die Pforte in seine Kirche gekommen und da roch es eindeutig nach kaltem Zigarrenrauch. »So eine Sauerei«, dachte er bei sich und er spürte, wie eine unheilige Wut langsam in ihm hochkroch und von ihm Besitz ergriff. »Wer wagt es, hier in der Kirche noch an seiner Zigarre zu ziehen? Womöglich auch noch hier vor der großen Muttergottesstatur mit dem Stumpen im Maul ein Ave Marie zu murmeln? Wo bleibt denn da die Andacht, der Respekt vor der Mutter unseres Herren, der für diese Flegel gegeißelt, mit der Dornenkrone verhöhnt und dann auf widerliche Art und Weise ermordet wurde.«

Wie er da so einige Schritte weitergeht und der Mutter Gottes gelobt, »den stinkenden Zigarre-Rauchern bei der nächstbesten Gelegenheit den Kopf zu wachen«, tritt er auf etwas. Es ist nicht viel, aber durch die dünnen Sohlen seiner abgelaufenen Schuhe spürt er, dass der Marmorboden durch irgendeine Kleinigkeit, die da nicht hingehört, verschmutzt ist. Und er weiß auch schon was. Er weiß es genau, denn das hat er schon einmal gespürt, und zwar genau so. »Na warte, wenn ich die Sau zu fassen bekomme, die hier den Rest ihres Kautabaks ausgespuckt hat, der ziehe ich die Ohren lang.« Jetzt war er richtig geladen und beschloss, diesen ungeheuerlichen Vorkommnissen am nächsten Sonntag eine Predigt zu widmen. Eine wichtige Predigt. Von oben von der Kanzel versteht sich. Und so kam es dann auch.

Nicht würdevoll, sondern in drohender Haltung schritt er hoch auf die Kanzel. Von oben versuchte er sich vorzustellen, welches Schaf oder, besser gesagt, welche Sau aus seiner Herde das wohl gemacht haben könnte, und brachte sich dadurch erst richtig in Rage. Auf Einzelne schaute er direkt von oben herunter und zwar tief in deren Augen, gerade so, als könnte er diese so zu einem freiwilligen Geständnis zwingen, und bedauerte im gleichen Atemzug heimlich, »dass mir leider nicht mehr die Werkzeuge der Inquisition zum Zwecke der Wahrheitsfindung zur Verfügung stehen. Ist nicht so gemeint, mein Herr. Entschuldige.«, bittet er dann aber gleich den Allmächtigen um Verzeihung. Er kennt sich. Sanftheit und Langmut sind nicht seine herausragenden Charaktereigenschaften.

Zunächst schilderte er seine ungeheuerlichen Entdeckungen. Den scheußlichen Geruch des kalten und abgestandenen

Zigarrenrauchs und dann den »unappetitlichen Anblick, nein, die Ungeheuerlichkeit des ausgespienen Kautabaks auf dem Marmorboden.« Er sprach dann von der Würde eines Gotteshauses, die darin begründet liegt, dass hier der Herr leibhaftig wohnt, und zwar in seiner wunderbaren Dreifaltigkeit als Gott Vater, Gott Sohn und Gott Heiliger Geist. »Und außerdem wohnt hier auch die Mutter unseres Herren, die gebenedeite Jungfrau und Mutter Maria. Und da kommt so einer daher und entweiht das alles und vielleicht war das ja auch nicht nur einer, ich denke, das sind mehrere von Euch, die so handeln.« Von den in der linken Seite des Kirchenschiffs sitzenden Frauen spürt er die inbrünstige Zustimmung. Rechts die Männer schauen nach unten. Und so schließt der Herr Pfarrer mit der denkwürdigen Feststellung: »Und ich sage Euch: Diejenigen unter Euch, die Zigarren rauchen, die stinken wie eine Sau, und diejenigen, die Kautabak kauen, die sind eine Sau. Amen«

Von links schallte ihm ein lautstarkes »Amen« entgegen. Die meisten der Hausfrauen haben das ohnehin schon einmal ihren Alten vorhalten wollen. Denn das Zigarrerauchen in den Wohnzimmern und Küchen ließ die Verhänge und Tapeten vergilben und stinken tat es auch. »Da hat der Herr Pfarrer recht.« Und dass das Kautabakkauen eine Sauerei war, davon war sowieso jede gute Hausfrau überzeugt. Wer von ihnen hat den ekelhaften Auswurf nicht auch schon zu Hause auf dem vorher mit so viel Mühe gewachsten und gebohnerten Boden vorgefunden? »Nein, auch hier hat der Herr Pfarrer völlig recht. Endlich getraut sich einmal jemand, denen das so in aller Deutlichkeit zu sagen.« Von rechts oder von der Empore, dort also, wo die Bänke der Männer sind, war das »Amen« deutlich verhaltener, ja gequält schien es zu klingen.

Im Friseursalon gab es für all das, was der Herr Pfarrer in dieser Predigt angesprochen hatte, eine andere, aber natürlich wesentlich einleuchtendere Begründung. »Nein, das, was der sich da wieder erlaubt hat, geht über die Hutschnur. Wenn wir nicht nach dem Hochamt den Stammtisch und den Frühschoppen hätten, dann hätte der mich nicht gesehen, nein, das muss ich mir nicht gefallen lassen. Das mit dem Kautabak ist doch einfach erklärbar. Da hat einer mit Leibeskräfte an den Glockenseilen gezogen und da hat er sich vielleicht beim Luftholen verschluckt. Ja, was hätte der denn tun sollen? Aufhören, am Seil zu ziehen, aufhören zu läuten? Na, da hätte ich den Pfaffen aber mal hören wollen, wenn auf einmal die Glocken vor dem Hochamt stumm geworden wären? Nein, das hat niemand mit Absicht getan. Und der Zigarrenrauch hing wahrscheinlich in einem Mantel, dessen Besitzer am Vorabend im Schwanen war. Na, da wird halt mal eine Zigarre geraucht.«, erläuterte der frühere Ortsgruppenführer der NSDAP die Situation. »Alles ganz einfach ist das zu erklären. Warum macht der da nur so einen Aufstand?«

Der Herr Pfarrer war also ein Mann, der die Dinge beim Namen nennt. Direkt und ungeschminkt. In einer rustikalen Sprache, wenn man es einmal so nennen will. Heute hatte er der ihm anvertrauten Herde etwas anderes, nicht weniger Fundamentales, zu verkünden und zu erläutern. Wichtig war es, was er zu sagen gedenkt, und deshalb wird er es wieder hoch oben von der Kanzel herab sagen. Von oben herab will er auf sie hinuntersehen können, direkt in die Augen schauen will er denjenigen, die es direkt angeht, »wie den Herrn Ortsgruppenleiter etwa«, denkt er bei sich. Deswegen stieg er wieder auf die Kanzel. Obwohl es erst zwei Wochen her ist, da er von hier oben zu denen da unten über die Sauerei des Zigarrerauchens und des Kautabakkauens sprach. »Aber es muss wieder sein. Es ist wichtig und da spielt es keine Rolle, ob es erst zwei Wochen her ist, dass ich von hier oben von Kanzel aus gesprochen habe. Was sein muss, das muss sein.« Es ging um Schuld und Vergebung.

Ein Thema, welches das ganze Land im Großen und Ganzen und seine Gemeinde in Form von einer ganzen Reihe von konkreten Taten und Vorfälle Einzelner betrifft, ist die Aufarbeitung der Vergangenheit. Ein überaus heikles Thema »Aber unausweichlich ist es. Das muss angegangen werden. Hier und jetzt! Hier in der Kirche und von mir. Und gerade deswegen, weil die hohen Herren, der Herr Dekan, der Monsigiore oder der Herr Bischof zu diesem Thema so merkwürdig schweigsam sind. Wegen dem Fastenopfer habe ich einen langen Hirtenbrief verlesen müssen, nicht von der Kanzel, das hätte noch gefehlt, nein, das kommt nicht in Frage, aber zur Schuld aus den Jahren der braunen Tyrannei und den Möglichkeiten der göttlichen Vergebung kein Wort. Das werde ich ändern.« denkt der Herr Pfarrer und er beginnt unverzüglich mit seinen Vorbereitungen für diese »große Predigt.«

Über die Großen, den ehemals tausendjährig Herrschenden, denen man hat habhaft werden können, wurde in Nürnberg mit einer Hauptverhandlung und den Nachfolgeprozessen zu Gericht gesessen. Im Kleinen, aber deshalb nicht minder wichtig, wird hier im Ort Recht gesprochen. In Wirtsstuben, in den Familien und natürlich im Frisiersalon. Fast alle die braunen Gesinnungsgenossen sind im Dorf mit mehr oder minder blauen Flecken zu ihrem Persilschein und damit durch den Prozess der Entnazifizierung gekommen. »Aber deswegen ist deren Schuld nicht vergessen. Auch wenn die Schuldigen selbst sich immer weniger bekennen. Ganz im Gegenteil. Sie wechseln ihre Rolle vom Täter zum Beschützer, vom Anführer zum gezwungenen Mitläufer mit einer Raffinesse und Geschwindigkeit, dass einem Chamäleon schwindlig würde. Deshalb muss diese Predigt auch ganz konkret sein, deshalb muss ich Dinge ansprechen, die sich hier zugetragen haben. Nicht oberflächlich darf ich sein, sondern konkret werde ich die Missetaten ansprechen, so dass jeder weiß, was und wen ich meine.«, ist sich der Herr Pfarrer seiner Aufgabe ganz sicher, »Denn bei mir im Beichtstuhl haben sich erst wenige für schuldig bekannt. Deshalb kann ihnen auch nicht vergeben werden. Von einem Vergessen ganz zu schweigen. Das kommt sowieso nicht in Frage.«

Als der Herr Pfarrer am nächsten Sonntag nach dem Evangelium in Gedanken versunken, schwer und mühsam, aber auch würdevoll die Treppe zur Kanzel hinauf steigt, sieht er vor sich das vollbesetzte Kirchenschiff und oben die vollbesetzte Empore. Er schaut sich die bekannten Braunen genau an und bemüht sich, sich von denen kein Bild zu machen, sie hier, in dieser Kirche in diesem geweihten Raum nicht vorzuverurteilen. Obwohl ihm das schwer fällt. »Sie zu be- und verurteilen, das ist Deine Sache, mein Herr und Gott. Herr, führe Du sie zur Umkehr und zur Reue, aber auch zur Buße und ihrer gerechten Strafe, damit sie die Jahre, die sie noch vor sich haben, ertragen können.

Na, schau, und wen haben wir denn da? Der allmächtige Herr Ortsgruppenleiter ist ja auch da. Na, das trifft sich ja gut. Böses hat er getan. Auch der war noch nicht reuevoll zur Beichte. War er wirklich nur dabei, weil er dabei sein musste, es nicht anders ging, und hat er sich wirklich nur an die Spitze der braunen Bewegung gesetzt, um ›Schlimmeres zu verhindern‹, wie er jetzt behauptet und uns für dumm verkaufen will? Nein, so kommst Du mir nicht davon, Du Schlaumeier. Ja, war er gar nur dabei, wie er jetzt sagt› um den Gemeindefrieden zu retten‹? Dass ich nicht lache«, denkt der Herr Pfarrer und wieder spürt er einen heiligen, aber gerechten Zorn in sich hochsteigen, von ihm Besitz ergreifen.

»Herr, was ist mit all denen, welche diese Braunen ans Messer geliefert haben und deren Besitz sie sich oder der Partei angeeignet haben? Du, Herr, hast die armen Seelen derer, denen Böses widerfahren ist, in Deiner Gnade in Dein Paradies aufgenommen. Das hoffe ich jedenfalls. Aber vielleicht wären sie lieber mit Leib und Seele noch hier. Hier auf dieser unvollkommenen Erde und nicht in Deinem Paradies. Vielleicht, ach was, ganz sicher, hätten sie sich hier mit den Ihren noch gerne etwas länger gefreut und wären mit ihren Brüdern, Schwestern und Freunden in ihre Synagoge gegangen, hätten zu Deiner Ehre und zu Deinem Lob gebetet und gesungen. Bist Du nicht letztlich auch deren Gott? Ich weiß! In Sachen Deines Sohnes sind sie etwas anderer Meinung als wir. Ja gut, oder natürlich nicht gut! Aber Dich beten auch sie an und auch Dich verehren auch sie. Und ob es wirklich sie gewesen sind, die Deinen Sohn gekreuzigt haben, scheint ja alles andere als sicher zu sein. Sag, hat da nicht der Johannes etwas geschummelt, ich meine ja nur, sei mir bitte deshalb nicht böse. Ich denke, möglich könnte es ja sein. So frei vom Vorwurf, ein Antisemit zu sein, ist ja der gute Johannes nicht. Und von wegen: Sein Blut komme über uns und seine Kinder. Einer strengen historischen Forschung hält das ja nicht stand, so sagt man jedenfalls in St. Georgen.

Jetzt will niemand etwas mit dem braunen Gedankengut am Hut gehabt haben. Niemand will es gewesen sein. Nur auf ›höheren Befehl hin‹ will ein jeder der kleinen Führer da gehandelt haben. Ja, dass ich mich nicht totlache. Herr, verzeihe mir diese Gedanken. Aber die waren doch alle der braunen Gesinnung verfallen, dem Herrenmenschen-Gedanken waren sie anheimgefallen und manch einer von denen, die da hier so brav und unschuldig dasitzen, ist es auch noch jetzt, noch immer. Auch wenn unglaubliche Wahrheiten an den Tag kommen. Sie stricken und basteln alle an Legenden, sie versuchen das raue und ruppige Wolfsfell abzulegen und die zarte und weiche Schafswolljacke anzuziehen. Sie banalisieren das Böse, wo es nur geht. Aber dem werde ich Einhalt gebieten. Und schau sie Dir nur an, oh Herr!

Diese dort oben in der ersten Reihe der Empore. Ich kenne sie alle ganz genau! Der da und der da und jene dort drüben links, die jetzt so scheinheilig ihre Hände faltet und ihre Augen zu Dir, oh Herr, erhebt, glaube ihnen kein Wort. Sie alle waren dabei. Voller Überzeugung und voller Schuld. Und sie alle haben ihre Missetaten noch nicht gebeichtet, sie empfinden keine Schuld, keine Reue, sie leisten keine Abbitte und sie sind deswegen noch nicht in die Gnade der Absolution gekommen. Sie versuchen nun alle ihre Hände in Unschuld reinzuwaschen. Aber das wird ihnen nicht gelingen. Genau so wenig, wie das diesem Pontius Pilatus damals gelingen konnte. Ich hoffe das jedenfalls, Herr, so war es doch, den hast Du doch auch zur Rechenschaft gezogen und ihm seine Scheinheiligkeit nicht durchgehen lassen? Hoffentlich! Na wartet, Ihr Wendehälse, Ihr Weichspüler, Euch werde ich jetzt einmal einheizen. Herr, gib mir die richtigen Worte und verzeihe mir, wenn ich zu grob werde. Auf geht's!«, bringt sich der Herr Pfarrer so richtig in Stimmung.

»Im Namen des Vaters und des Sohnes und des Heiligen Geistes Amen.« beginnt er und schlägt dabei ein großes Kreuzzeichen auf seine Brust. Dann folgt eine schneidende Stille. Jede dieser wichtigen Predigten beginnt er mit einer rhetorischen Pause, in der er sich sammelt und seinen Zuhörern die nötige Konzentration aufzwingt. Diese Stille dauert nicht einmal eine Minute. Aber sie wirkt endlos, endlos schneidend. Und wie er jetzt so diese Pause macht, fällt sein Blick auf all die freundlichen Helfer. Auf solche, die auch jetzt in der Kirchengemeinde freundliche Helfer sind und die es vermutlich auch damals waren. Zufrieden und wohlig schauen sie aus ihren rosigen Gesichtern zu ihm hinauf. »Keine Predigt geht die etwas an«, denkt er, »mit nichts haben die etwas zu tun, nichts haben die getan. Kein Fleck scheint deren weiße Weste je beschmutzt zu haben. Nichts haben die aus eigenem Antrieb gemacht. Nur das, was man ihnen gesagt oder befohlen hat. Schuld haben die nicht. Denken die. Ja, so denken sie.

Aber was ist gerade mit denen, mit all denen nämlich, die zwar nicht direkt etwas Böses getan haben, durch ihr Unterlassen des Guten aber Schuld, große Schuld auf sich geladen haben? Haben diese vielen Mitläufer und Weg-Gucker nicht den Bösen den Steigbügel gehalten, damit sie vom hohen Ross herunter auf die Abertausenden von Armen und Bemitleidenswerten haben einschlagen können? Und wie konnten die alle hier über so lange Zeit weggucken bei alledem, was da so offensichtlich Böses vor ihren Augen geschah? Mir steht es nicht zu, über sie zu richten«, denkt sich der Herr

Pfarrer, »Nicht jeder ist ein Held und muss ein Held sein, und nur die wenigsten sind in der Gnade des Martyriums; wer kann es ihnen also verdenken?

Aber Scham und Reue sind das Mindeste, was man erwarten kann. Und erwarten kann man auch von denen, dass sie diejenigen um Verzeihung bitten, denen sie durch ihr Weg-Gucken Leid zugefügt haben. Und weil man das gegenüber den vielen Toten nicht mehr tun kann, müssen sie, müssen wir alle den Herrn um Verzeihung bitten und unsere Schuld bekennen. Hätte nicht auch ich mehr Widerstand leisten müssen?« In dieser letzten Minute, bevor er mit der Predigt beginnen will, kommen ihm Zweifel, ob die vorbereitete Predigt wirklich die richtige ist. Diejenigen, die Böses getan haben, hat er ansprechen wollen. »Soll ich nicht besser die vielen, welche Gutes unterlassen haben, an den Ohren packen oder, besser noch, alle in einen Topf werfen? Ist nicht das Böse-Tun und das Gute-Unterlassen das Gleiche, ohne Unterschied? Doch, genauso ist es.« Und so wirft er die vorbereitete Predigt über den Haufen und entschließt sich, eine nicht vorformulierte Predigt zu halten »So, wie es aus meinem Herzen kommt, so, wie mich Gott, der Herr, führen wird, so werde ich predigen.«

Ganz ruhig beginnt der Herr Pfarrer heute. Eine Geschichte wolle er erzählen. Ein Geschichte, welche der Herr Dostojewski aufgeschrieben habe. Schuld und Sühne heiße sie. Ein Roman ist es, vielseitig, vor vielen Jahren entstanden. Hochgelobte Literatur sei das. Heute noch so aktuell wie damals. Und er begann mit einigen Fragen: Kann man das perfekte Verbrechen begehen? Gibt es so etwas wie einen »gerechten Mord«, der zwar eine Person das Leben kostet, dafür aber vielen anderen Menschen nützt? Lässt sich das menschliche Gewissen durch rationale Überlegungen zum Schweigen bringen? Und alle Anwesenden ahnten schon gleich am Anfang, dass es hier nicht um Dostojewskis Werk geht.

Und er beginnt in einfachen Pinselstrichen die Geschichte des Mordes des Studenten Raskolnikow an einer alten

Pfandleiherin und die anschließenden Gewissensqualen des Mörders darzustellen. »Einfach, so dass es auch jeder versteht«, sagt er oft, der Herr Pfarrer. »Raskolnikow hält sich wie viele nach ihm auch für eine Art Übermensch, er vergleicht sich mit Napoleon, jüngere Despoten konnte er damals noch nicht kennen, sonst hätte er vielleicht einen von denen gewählt. Raskolnikow sucht seine Tat mit rationalen Argumenten zu rechtfertigen, wie andere nach ihm ihre bösen Taten auch.«, führt er aus und fährt dann nach einer kleinen Pause und einer bedrückenden bleiernen Stille fort, »Doch nach dem Mord, und hier war es nur ein einziger und nicht eine ganz Reihe von Massenmorden, schlittert er in eine langsame, nagende Verzweiflung, die sein schlechtes Gewissen verursacht.

Nur indem dieser Verbrecher vor sich und vor anderen seine Schuld anerkannte, konnte er ein neues Leben beginnen und auf die Vergebung seiner Schuld hoffen. Die Vergebung der Schuld bedarf des Eingeständnisses von Schuld sowie der Sühne. Nur so kann ein neuer Anfang gelingen. Nun werden einige Schlaumeier unter Euch sagen: ›Was geht mich das an? Ich habe nicht gemordet.‹ Es geht nicht nur um Morde. Es geht um alles Böse, das getan wurde, genauso, wie es um das Gute geht, das unterlassen wurde! Um die Verbrechen, die kleinen und die großen, die Unterlassungen gegen unsere Brüder und Schwester, und damit meine ich unsere Brüder und Schwester als Menschen und nicht nur diejenigen im katholischen Glauben.«

Seine Predigten, die wichtigen davon jedenfalls, so wie die heutige, auch wenn sie im Stegreif gehalten wird, sind aufgebaut nach dem Muster der Opern von Mozart. Zunächst einmal sind sie untergliedert in einzelne Arien, also einzelne Themen, denen er sich widmet. Jede dieser Arien beginnt langsam, zart und leise, indem nur ein einziger Sänger seine Stimme erhebt, dann gewinnt die Melodie an Tempo, Lautstärke und Dramatik, indem aus dem ursprünglichen Solo ein Duett, dann ein Trio und schließlich ein Quartett die Stimme erhebt. So langsam, aber stetig an Tempo, Lautstärke und emotionaler Intensität ansteigend strebt alles einem vorläufigen Höhepunkt zu, von wo aus es dann, indem sich immer eine Stimme verabschiedet, wieder in leiseres und ruhigeres Fahrwasser geht, um alsdann erneut wieder anzuschwellen und lauter und dramatischer zu werden. Wie Wellen an einem endlos langen feinsandigen Strand rollen die Worte des Herrn Pfarrer auf die Gemeinde zu. Mal ruhig, fein- und mitfühlend und betont langsam und sanft sprechend, dann gewaltig, finster und grollend, bedrohlich werdend, ganz so wie in einer von einem wilden Orkan gegen das Land gepeitschten Brandung. Und jedes Mal, wenn es wieder etwas langsamer und leiser wird, ganz so, wie wenn sich bei Mozarts Oper auch der letzte noch verbliebene Sänger zu verabschieden scheint, hoffen die Zuhörer, »das war es jetzt hoffentlich, jetzt kommt er zum Ende. Gott sei Dank, Amen.« Aber hier wie da haben sie sich getäuscht. Der Herr Sänger dort und der Herr Pfarrer hier holen nur Luft, um eine neue Welle auf den Weg zu den Herzen und Seelen der Zuhörer zu senden. Oder, um es mit den Worten des Herrn Pfarrer auszudrücken, »die Worte des Herren diesen Quadratschädeln um die Ohren zu hauen.«

Jetzt wird der Herr Pfarrer in seiner Predigt konkreter mit dem, was er da heute so genau meint. Ganz so, wie er es sich vorgenommen hat. »Es geht hier und heute nicht um Morde. Auch, natürlich. Aber nicht im Wesentlichen. Es geht auch um all diejenigen, welche die Nation als Ursprung und Endziel angesehen haben und damit einem Götzendienst und einer Abgötterei sich schuldig gemacht haben. Die zurückgefallen sind in die Nacht des Heidentums. Alle diejenigen meine ich auch. Also ich meine die vielen kleinen Führer und deren Mitläufer.

Und ich meine auch jene«, und jetzt kam er zum eigentlichen Kern seiner Rede, zum schwarzen Punkt in der Zielscheibe, dem er sich Ring um Ring genähert hatte, »die etwa als reiche Bauern einem armen Futtermittelhändler nicht die offenen Rechnungen bezahlt haben, weil sie wussten, dass diese jüdischen Mitbürger rechtlos waren und nicht in der Lage waren, die Schulden einzutreiben. Und ich meine Leute, die deren Haus zugunsten der Partei sicherstellen wollten, wie sie heute sagen, und dabei aber ganz vergessen, dass sie die rechtmäßigen Besitzer dieses Hauses schändlich vertrieben haben, und ich meine Menschen, die ein leichtfertig in der Öffentlichkeit dahergesprochenes Wort über sich angeblich ungerechtfertigt Liebende denunziert und weitergetragen haben, auf dass diese sich mit gutem Recht liebenden jungen Leute mit bedauerlichen Folgen entzweit wurden. Ja, kann man sich denn ungerechtfertigt lieben, aber gerechtfertigt töten?« Bei den letzten Sätzen glaubt der Herr Pfarrer ein Raunen in seiner Herde zu vernehmen. Jeder wusste hier, um was es ging und wer gemeint war.

Dass er hier einen blank liegenden Nerv treffen wird, das war ihm schon bei der Vorbereitung seiner Predigt klar, und er hatte sich gefragt, ob er dieses konkrete Thema wirklich anschneiden soll und ob er hiermit nicht über das Ziel hinausschießt. Ob er, der Herr Pfarrer, sich zum Richter hier aufschwingen darf oder ob das nicht der Herr selbst machen muss. »Aber bin ich nicht hier in dieser Gemeinde der Stellvertreter des Herren? Ist es nicht meine Pflicht, die Dinge beim Namen zu nennen. Ja, soll ich denn die Spiegelfechtereien so, wie sie bei den Prozessen an der Tagesordnung sind, hier fortsetzen? Soll ich von der Kanzel herab die Wahrheit beugen und umdrehen? Nein, das alles will ich nicht. Ich will die Dinge hier beim Namen nennen, das muss sein. Nur so hat Raskolnikow seinen Frieden gefunden.

Deswegen werde ich auch von der Gnade der Vergebung sprechen.«, sagte er sich und so fährt er jetzt fort, »Aber der Herr hat jedem die Gnade der Vergebung geschenkt. Am Ende einer jeden Beichte sagt der Priester: ›Geh hin, Deine Sünden sind Dir vergeben. Gehe in Frieden.‹« An dieser versöhnlich scheinenden Stelle glaubten einige schon, das Ende der Predigt sei gekommen, und riefen: »Amen«. »Einen Moment noch. Wir sind noch nicht fertig. Erst wenn ich Amen sage, ist die Predigt fertig. Also nochmals: Jedem kann vergeben werden. Aber nur demjenigen, der sich zu seiner Schuld bekennt und reuig vor den Herrn tritt. Nutzt die Gelegenheit! Am nächsten Samstag ist von sechzehn bis achtzehn und von zwanzig bis zweiundzwanzig Uhr Beichte hier in der Kirche, und wer ein persönliches Beichtgespräch möchte, der weiß, wo er mich findet. Amen.« »Amen« schallte ihm entgegen. Alle, auch der Herr Pfarrer, waren froh und erleichtert, dass die schwere Bürde dieser Predigt nun fürs erste einmal ad acta gelegt werden konnte.

Dass diese Predigt aber so schnell nicht vergessen werden konnte, geschweige denn dauerhaft ad acta gelegt werden konnte, das war klar. Schon im Frühschoppen am Sonntag nach der Kirche gingen die Wogen hoch. Auch am Dienstag danach kam es in Herrensalon zu einer Diskussion. Der frühere Ortsgruppenleiter ist da. Wie immer zu diesem Zeitpunkt. Er will sich rasieren lassen. Und wie jedes Mal geht er, ohne darauf zu achten, ob er an der Reihe ist, sofort, als der große Frisierstuhl frei ist, daran, sich darauf zu setzen. Bislang hat ihn niemand daran gehindert. »Moment«, ruft jetzt der Schneider Anton. »Ich bin an der Reihe.« Er, der kleine dünne, zerbrechlich wirkende Installateur, der zugereiste Österreicher, schiebt den mächtigen Bauer beiseite und setzt sich auf den Frisierstuhl. »Du kannst anfangen Albert. Rasieren, wie üblich.« Verdutzt ist der so Zurechtgewiesene stehen geblieben, salzsäulenartig, wenn man so will. Erst jetzt scheint er zu realisieren, was sich da abgespielt hat. »Das hätte der einmal früher tun sollen. Dafür wäre der im KZ gelandet. Bei dem Dreck, den der am Stecken hatte, wäre das sowieso richtig gewesen. Geschont habe ich ihn. Und das habe ich nun davon.«, denkt er und geht schweigend zurück auf seinen Platz.

»Na, war das am Sonntag eine Predigt«, beginnt der Schneider Anton scheinbar mit sich selbst zu reden, »Recht hat der Herr Pfarrer. Erst haben sie alle beim Rosenzweig anschreiben lassen, die Herren Bauern, und dann haben sie nicht bezahlt. Jahrelang hat er ihnen Futter für ihre Rinder und Schweine verkauft. Auch dann, als es nach dem Ersten Weltkrieg schwierig war, noch etwas zu bekommen. Er hat es besorgt, er hat sich für »seine Bauern«, wie er immer sagte, eingesetzt. Aufs Geld hat er lange und geduldig gewartet. Ohne Zinsen zu erheben, versteht sich. Und auf einmal, als der Wind sich drehte, als die braune Pest über das Land hereinbrach, da sagte man ihm offen ins Gesicht, dass man ihm nichts mehr bezahlen würde.

Wo konnte der Rosenzweig noch hingehen? Nirgends! War er nicht jahrelang im Turnverein? Doch, das war er. Und dann auf einmal wurde er aus dem Turnverein hinausgeschmissen. Ein Freund und Förderer der Turner war er. Hinausgeschmissen. Einfach so. War er nicht jahrelang im Fußballverein? Doch das war er. Hinausgeschmissen wurde er. Von einem auf den anderen Tag. Du, Albert, warst damals Vorsitzender. Was hast Du Dir dabei gedacht? Ja, jung warst Du. Trotzdem. Hat es Dir nicht das Herz zerrissen? Wie hast Du da noch weitermachen können in diesem Verein, mit Leuten dieser Gesinnung? Und auf einmal wurde der Rosenzweig sogar vom Fußballplatz verwiesen. Nicht einmal mehr zuschauen durfte er. Warst Du das nicht«, und er dreht sich zu dem früheren Ortsgruppenleiter, »der ihm gesagt hat, dass er nicht mehr auf den Platz kommen darf und warst Du damals nicht jeden Sonntag in Deiner schnittigen Uniform mit den hohen Stiefeln auf dem Platz, gerade so, wie bei jeder anderen Gelegenheit übrigens auch. Ja, und wie hast Du dir gefallen in Deiner Uniform und wie hast Du die verheißungsvollen Blicke der Frauen genossen?

Hast Du nicht jeden zur Rede gestellt, der nicht mit dem Deutschen Gruß Dir gegenübergetreten ist, und, mein Gott, wie kerzengerade musste die rechte Hand vor Dir ausgestreckt werden? Erinnerst Du Dich nicht mehr? Doch Du erinnerst Dich noch, ganz sicher. Aber jetzt willst Du es nicht mehr wahrhaben. Warst Du es nicht, der da jeden angeschrien hat, der jedem mit Konsequenzen gedroht hat? Hast Du nicht einmal zu Alberts Schwester gesagt ›Sieh Dich vor, Liesel Baumann, wir wissen, wo Du bist, und wir können alles‹, als sie Dich auf der Hauptstraße nicht mit dem Deutschen Gruß begrüßt hat? Habe ich mich da so verhört und verguckt? Nein, das hab ich nicht. Das war so. Hörst Du, so war es!«

Der Angesprochene schweigt. Er scheint das Gesagte gar nicht zu hören. »In den Tod habt ihr ihn getrieben, den Karl Rosenzweig.«, eigentlich wollte der Schneider Anton sagen »hast Du ihn getrieben«, doch er wollte nicht ungerecht sein, denn alleine war es der frühere Ortsgruppenleiter ja auch wieder nicht. »Aufgehängt hat er sich. Ich sehe ihn noch heute vor mir, wie er da so hing. Abgeschnitten habe ich ihn. Und heute will da niemand dran schuld sein. Nein, mein Herr« und wieder wendet er den Kopf in Richtung des Herrn Ortsgruppenleiters, »nein, so einfach geht das nicht. Ich habe mit den Rosenzweigs unter einem Dach gewohnt. Mit denjenigen, die rechtzeitig flüchten konnten, schreibe ich heute noch Briefe. Ich hebe die Briefe auf, damit auch die Nachwelt sieht, was Ihr mit denen gemacht habt. Nein, Du hast nicht deren Haus gerettet, indem Du es der Partei überschrieben hast. Du hast denen das Haus genommen und sie hinausgeschmissen. Das Haus war denen, nicht Euch, Ihr habt es ihnen genommen und Euch bereichert. So war das.«

Auf einmal wurde es still in dieser aufgeheizten Stimmung. Hinten aus dem Damensalon kam schweren Schrittes die Helena Humpel. Sie war im Zentrum des zweiten konkreten Falls, den der Herr Pfarrer angesprochen hatte: Die Trennung der Liebenden. Auf ihrem Hof war ein polnischer Zwangsarbeiter eingewiesen worden. Ihre Tochter verliebte sich in ihn. Sie, die Mutter, wollte das Verhältnis beenden und beschuldigte unvorsichtigerweise in aller Öffentlichkeit den polnischen Zwangsarbeiter. Nur diesen hat sie gemeint. Nicht die Tochter. Weg sollte der vom Hof. Ein anderer sollte kommen. »Es sind doch genug andere da,« hat sie gemeint. In die falschen Ohren ist dieses Waschweibergeschwätz gekommen. Es wurde nach oben weiter gemeldet. Von wem, man weiß es nicht. Wer was veranlasst hat, man kann es jetzt nicht mehr so genau feststellen. Aber so richtig vorstellen, dass es nicht über den wichtigsten Schreibtisch hier im Ort, demjenigen des Herrn Ortsgruppenleiters, ging, das kann man sich eigentlich nicht. Der polnische Zwangsarbeiter verschwand auf Nimmerwiedersehen. Wie gewünscht. Aber auch die Tochter wurde verhaftet und in ein KZ gesteckt.

Monate später kam sie wieder. Ausgemergelt und krank. »Komm schnell, Helena«, kam damals ein Nachbar gelaufen, »die Annemarie kommt wieder. Sie kann nicht mehr gehen, sie ist zu schwach, sie sitzt vorne in der Bachstraße am Randstein, komme schnell« Einige Tage später starb die Annemarie an Entkräftung, Auszehrung und Krankheit. Achtundzwanzig Jahre ist sie alt geworden. Lebenslustig war sie. Verliebt hatte sie sich. Das war alles.

Die kleine Frau, gebeugt, kommt in den Herrensalon. Sie will dort vorne an der Kasse bezahlen. »Geh nur, Helena«, sagt der große Baumann, »ist schon gut.« Da nimmt sie den Ortsgruppenleiter a. D. wahr. Irgendwie muss sie gespürt haben, dass er da ist, denn sie schaute vorher gar nicht in seine Richtung. Nun dreht sie sich zu ihm um, spuckt vor ihm auf den Boden und sagt: »Ich bin schuldig. Du auch.« Und dann dreht sie sich nochmals etwas zur Seite und schaut den großen Albert an: »Alle sind wir schuldig.«

Der Sünder

»Adieu, nun kann ich nichts mehr für Dich tun«, sagt sein alter freundlicher Schutzengel und verabschiedet sich mit einer leichten Verneigung. Im Umdrehen fügte er dann aber noch hinzu: »Tja, so hat es mit Dir kommen müssen. Ich habe Dich ja immer gewarnt. Und gib mir ja keine Schuld! Du alleine bist an Deinem Unglück schuld. Du allein. Nun schau, wie Du ohne mich, ohne Deine lieben Eltern und ohne Deinen herzensguten Opa zurechtkommen wirst. Ich gehe in den Himmel zurück und suche mir einen anderen, dem ich von nun an helfen werde. Dir ist ja nicht mehr zu helfen.« Er winkt dem kleinen Albert nochmals zu, bevor in seinem langen weißen, mit goldigen Brokat umsäumten Kleid davonfliegt. Kaum war der gute Freund weg, schlich sich von hinten ein Nachwuchsteufel, nicht größer als er selbst, heran und nahm ihn bei der Hand. Ein widerlicher Kerl. Schwarze faltige Lederhaut, auf dem Kopf zwei rote Hörner, einen viel zu langen Schwanz, der am Ende haarig ausgefranzt ist. »Und einen Pferdefuß hat der auch. Igittigitt wie der stinkt! Nach Schwefel und Pech. Es stimmt also, was der Herr Pfarrer immer gesagt hat, es stimmt. Leider.«, denkt der kleine Albert. Der Juniorteufel nimmt ihn bei der Hand und führt ihn ins Innere der Erde. Immer dunkler und immer wärmer wird es. Und der Gestank von Schwefel und Pech nimmt immer mehr zu. »Der Schwefelgestank macht mir nichts.«, meint der kleine Albert trotzig zum Junior-Teufel, »Den Geruch kenne ich von unserer Schwefelquelle und das Wasser dort habe ich schon oft getrunken. Ich habe das gerne.« »Wart's nur ab, bis ich Dir die Hölle gezeigt habe, dort wirst Du nichts mehr gerne haben, Du kleiner Angeber. Dich beobachte ich schon lange. Alles, was Du so gemacht hast, habe ich gesehen, keiner Deiner Gedanken ist mir verborgen geblieben. So, wie Du bist, war das nur eine Frage der Zeit, bis ich Dich habe. Komm jetzt, auf geht's, schneller, wenn ich bitten darf.« Und der Juniorteufel zieht den kleinen Albert, der nun doch wieder nach oben auf die Erde zu seinem Schutzengel, zu seiner Mutter, seinem Vater und seinem Opa möchte, weiter in die dunkle Tiefe.

»Ich will aber wieder heim, in unseren Friseursalon.«, beginnt er nun zu bitten. »Nichts da, da kommst Du so schnell nicht mehr hin, wahrscheinlich nie mehr. Das dauert lange, bis Du alle Deine Sünden abgebüßt hast, lange, sehr lange.« »Aber ich werde es nicht mehr machen. Nie mehr.« »Ach ja, das hast Du schon oft gesagt und immer wieder hast Du es gemacht.« »Ja, schon, aber dieses Mal meine ich es ernst, ganz sicher. Ich war es ja auch gar nicht. Der Horst hat es gesagt, der hat es gewollt. Nicht ich.« »Ach so, und Du warst nur so dabei? Aber hast nicht Du den Schrank geöffnet und hast nicht Du die Packung herausgenommen.« »Schon ja, aber ich wollte es gar nicht. Der Horst hat es gesagt. Der ist dran schuld, nicht ich.« »Das hilft Dir jetzt alles nichts. Ich glaube Dir kein Wort. Du weißt ja, wer stiehlt, der lügt auch. Und Du hast gestohlen, und nicht nur das. Und außerdem – der Horst ist auch schon auf dem Weg zur Hölle. Morgen früh wird der auch dort sein und für seine Sünden büßen. « Und nun beginnt der kleine Albert zu weinen, er schluchzt. Doch es hilft nichts. Es geht immer tiefer in die Erde, immer dunkler und heißer wird es. Auf einmal stehen sie vor einem großen schwarzen Tor. Der Nachwuchsteufel haut mit der Faust dagegen und von innen wird ihnen geöffnet.

»Na, da seid ihr ja endlich. Wir haben schon auf Euch gewartet.«, sagt ein noch größerer, noch hässlicherer Teufel. »Guten Tag, Beelzebub«, grüßt der kleine Teufel den großen, »Es war nicht so einfach mit dem da. Aber jetzt ist er da, der kleine Albert Baumann. Gelogen hat er, in der Schule war er faul und gegen das sechste Gebot hat er mit Freuden verstoßen. Schmutzige Gedanken hat er dauernd. Und heute hat er auch noch gestohlen. Das hat das Fass zum Überlaufen gebracht. Er passt hierher wie die alle da. Ein Musterexemplar eines Hölleninsassen ist er.« »Aber Messdiener war ich und sonntags war ich in der Kirche und in die Schülergottesdienste bin ich auch gegangen.« »Schon, aber da warst Du immer nicht bei der Sache, nie hast Du Dich in die heiligen Gebete vertieft, nie bist Du der heiligen Handlung wirklich gefolgt, immer sind Deine Gedanken abgeschweift, wohin, das will selbst ich hier gar nicht wiederholen. Ein schönes Früchtchen bist Du mir vielleicht.«, sagt der Oberteufel, indem er seine wulstigen schwarzen Augenbrauen hochzieht und mit seiner Gabel auf den Boden stampft. »Aber ich war doch in der Kirche. Der Herr Pfarrer kann es bezeugen und zur Beichte bin ich auch gegangen.« »Schon, aber Du hast nicht alles dort gesagt. Aber mach Dir keine Sorgen, wir sind nicht kleinlich. Was Du Gutes getan hast, das wird Dir angerechnet. Von dem Bösen gibt es ja eh genug.«

Als sich die Pforte der Hölle so vor dem kleinen Albert öffnet, schaut er in einen endlos großen Saal. Reihe um Reihe stehen da Bottiche neben Bottichen, in denen jeweils eine Person sitzt. »Genauso wie auf den Bildern von den Menschenfressern«, denkt der kleine Albert und die nackte Furcht erfasst ihn. Auf einmal scheint es ihm, als ob ihm da jemand aus dem zweiten Bottich in der dritten Reihe zuwinken würde. »Hallo, Albert, bist Du jetzt auch da?« »Ja, Guten Tag, Herr Michel.« »Ja, um Gottes Willen, was hast Du denn verbrochen? So jung bist Du und schon in der Hölle.« »Aeh, ja, eigentlich nichts.« »Red' so keinen Unsinn. Klar hast Du was verbrochen. Sonst wärst Du ja nicht hier.« »Ja schon.« »Sag es lieber gleich oder willst Du bis zum jüngsten Gericht warten, das kann lange dauern?« »Na, der hat leicht reden.«, dachte da der kleine Albert. Bei dem Michel Alphons, dem Wirt vom »Goldenen Hirsch« wusste ja jeder, dass der seinen Apfelwein mit Wasser verlängert hat, jedenfalls haben das alle im Friseursalon so gesagt, und als er gestorben war, wurde schlagartig der Apfelwein viel besser. Und da in der vierten Reihe im sechsten Bottich winkt auf einmal noch jemand. »Ja, ist das denn nicht der Plankel Heinrich? Ja klar, das ist er. Na, warum der hier ist,

ist ja auch klar. Der hat immer alle Friseusen, die an ihm vorbeigingen, als er aufs Rasieren gewartet hat, an den Po gefasst. Und mancher Kundin auch. Der Schlawiner! Der Papa hat ihn deswegen einmal ganz schön zusammengestaucht. Aber ob das schon reicht, um in der Hölle zu schmoren, ja mein Gott, sind die aber kleinlich!

Und mehr und mehr Hände sieht er hochrecken, um ihm zuzuwinken. Und der kleine Albert erkennt noch viele weitere Gesichter, die ihm aus dem Friseursalon der Baumanns gut bekannt sind. »Ach, das sind ja alle die, denen ich so gerne zugehört haben, was die immer alles so erzählt haben.« Und so wird es ihm etwas leichter ums Herz. Und er reibt sich die Augen. »Ja, wo bin ich denn jetzt? Im Friseursalon oder in der Hölle?«, fragt er die beiden Teufel um ihn herum. »In der Hölle, auch wenn der eine oder andere Teufel bei Euch im Friseursalon gesessen war und jetzt immer noch dort sitzt.« Und da der Ton etwas vertraulicher zu werden scheint und er so viele Bekannte sieht, bemerkt der kleine Albert noch, vorlaut, wie er nun mal ist, »Ach, die Hölle, die kenn ich! Das ist ja nicht anders als in unserer Waschküche am Montag, wenn die Tante Marie wäscht.« »Ja, so was Ähnliches ist das hier ja auch.« sagt der Junior-Teufel, »nur dass hier nicht Deine schmutzigen Unterhosen, sondern Deine schwarze Seele reingewaschen wird. Hier Beelzebub, nimm Du ihn jetzt, ich muss weiter.«, sagt der kleine Teufel und verabschiedet sich mit Handschlag vom kleinen Albert. Als der große Beelzebub den kleinen Albert so bei der Hand nehmen will, um ihm ziemlich energisch seinen Bottich zuzuweisen, da reicht es dem Albert. »Jetzt ist es aber genug. Ich will weg von hier, und zwar auf der Stelle. Sonst ruf ich meinen Opa.« »Opa, Opa!«, ruft er laut.

»Aber Mama, Du bist auch hier? Und Papa, Du auch? Ja, ist denn der Opa vielleicht auch da? Was habt Ihr denn gemacht? Ach bin ich froh, dass Ihr auch da seid.«, ruft der kleine Albert ganz verdutzt, als er die Gesichter seiner Eltern über sich wahrnimmt. »Der Bub fantasiert.«, sagt die Mutter, »und nass geschwitzt ist er auch. Da fühl mal, seine Stirn ist ganz heiß. Der glüht ja förmlich.« »Mama, der Horst und ich haben heute früh…«, wollte der kleine Albert sogleich zu einer großen Beichte über das, was geschehen war und warum er in die Hölle gesteckt wurde, ausholen, um endlich reinen Tisch zu machen, aber die Mutter ließ ihn nicht zu Wort kommen. »Albert, nicht jetzt, erzähle mir morgen oder besser, wenn Du wieder gesund bist, was Du mit dem Horst gemacht hast. Jetzt nicht.«, und sie wendet sich dem großen Albert zu, »Komm Albert, hol rasch von unten das Fieberthermometer.« Dann strich sie dem Kleinen über die Stirn: »Ganz ruhig, Albert, es wird alles wieder gut. Du hast geträumt. Komm, gib mir Deine Hand.« »Nein Mama, ich hab nicht geträumt, ich war in der Hölle. Aber ich bin nicht dran schuld, der Horst war es und der kommt jetzt auch dorthin.« »Sei ganz ruhig, Du bist hier, zu Hause, in Deinem Bett. Der Horst liegt auch zu Hause in seinem Bett. Sei unbesorgt. Es ist mitten in der Nacht, Du hast geträumt. Der Papa holt das Fieberthermometer und dann messen wir, ob Du Fieber hast.«

»Doch, ich war in der Hölle, und den Michel Alphons, den kennst Du doch, das war der Wirt vom »Goldenen Hirsch«, den hab ich auch gesehen. Auch den Plankel Heinrich und den Onkel Hubert, die und noch mehr, die habe ich alle gesehen. Gewunken haben die mir, wie früher im Friseursalon.« »Aber Albert, die sind doch schon lange tot.« »Ja, sag ich doch, in der Hölle sind sie, dort habe ich sie gesehen.« »Na, da hat der Junge doch recht«, bemerkt der große Albert, das Fieberthermometer in der Hand haltend, »dass die einmal in die Hölle kommen, das habe ich immer gesagt.« »Hör auf mit dem Unsinn, Du siehst doch, wie der Bub noch am ganzen Körper zittert. Jetzt ist nicht der Zeitpunkt für so doofe Späße. Der Bub ist krank. Komm Albert, hier nimm das Thermometer und halte es ruhig unter dem Arm!« Nach einer Weile nimmt die Mutter das Thermometer hervor und schaut, es nach rechts und links drehend, genau nach. »39,4. Der hat Fieber und wie. Der ist krank. Da müssen wir morgen den Leo rufen. Komm, ich trag Dich zu uns ins Bett. Du kannst heute bei uns schlafen.« »Oh, ja, prima. Und muss ich morgen nicht in die Schule?« »Nein, auf keinen Fall kannst Du morgen in die Schule. Wir müssen erst einmal sehen, was Du hast.«

So schön der Tag endete, indem der kleine Albert es sich im elterlichen Bett, zwischen dem Vater und der Mutter liegend, bequem machen konnte, so aufreibend, oder man könnte auch sagen, so interessant hatte der gestrige Tag begonnen.

»Wer raucht, der ist erwachsen«, hatte der Horst gesagt, als er mit Albert im Keller spielte, dort, wo Alberts wunderschöne Anlage mit der elektrischen Modelleisenbahn das ganze Jahr über aufgebaut ist … Die Eisenbahn fährt durch eine schöne kleine Landschaft, grüne Wiesen, ein kleiner Berg wird von einem Tunnel durchquert. Am Bahnhof kann der Zug halten. Zwei Lokomotiven ziehen eine unterschiedliche Anzahl von Wagen. Personenwagen und Güterwagen. Vorwärts und rückwärts kann man fahren, Weichen stellen und so den Zügen immer eine neue Richtung geben. Die Anlage steht im Keller, wo Albert ungestört spielen kann. Lediglich gestört, wenn die eine oder andere Friseuse etwas aus den Vorräten holen muss, etwa kleine Flächen von Haarfestiger oder Seifen und Parfüms, welche zum Verkauf angeboten werden und oben im Geschäft ausgegangen sind. Einer der Lehrlinge kommt dann und wann, um im Trockenraum gleich neben der Heizungsanlage Handtücher zum Trocknen aufzuhängen. Diese Störung, wenn man sie denn so bezeichnen will, ist sehr willkommen, ein kleiner Schwatz schadet nie.

Alberts elektrische Eisenbahn ist in der Mitte des größten Kellerraums aufgebaut. Kurz vor Weihnachten wird sie zerlegt, um bei einem befreundeten Hobbybastler neu gestaltet zu werden, um dann als Weihnachtsgeschenk mit einer neuen landschaftlichen Gestaltung, mit mehr Gleisen, mit einem weiteren Gebäude und mit neuen Wagen, eventuell sogar mit einer neuen Lokomotive vor Alberts staunenden Augen präsentiert zu werden. Hinten an der großen Wand in einem langen Regal steht das Eingemachte, Gurken, Pfirsiche, Stachelbeeren, verschiedene Sorten von Marmeladen. Kurzum alles, was der Garten im Sommer geboten hatte, wurde für den Winter in Gläser eingekocht und hier gelagert. Mehr als hundert Gläser dürften so da stehen und so, wie der Albert sich gerne vor seine Eisenbahnanlage stellt und sie sich immer wieder gerne anschaut, stellt sich die Tante Marie, die Haushälterin der Baumanns, mehrmals die Woche vor die Gläser und freut sich an deren Anblick.

Ebenfalls in diesem Raum, an der Stirnseite, gleich wenn man hereinkommt rechts, steht ein weißer Schank mit großen verglasten Türen, so dass man gut hineinschauen kann, in dem die Vorräte an Zigaretten, Zigarren und Kautabak gelagert werden. Auf eben diese Vorräte war Horsts Blick gefallen, weswegen sich das Gespräch der beiden Freunde auf das Rauchen verlagerte. »Hast Du schon einmal geraucht?«, fragte Albert den Horst. »Ja, schon oft«, brüstete der sich, wobei sich der Wahrheitsgehalt des so Gesagten naturgemäß nicht überprüfen ließ. Aber dem Albert machte das, was der Horst da sagte, mächtigen Eindruck. »Mein Vater raucht ja und da nehme ich mir ab und zu eine und rauche die dann. Mir schmecken die HB-Zigaretten am besten. Weißt Du, das sind doch die mit dem HB-Männchen, das da in die Luft geht.« »Ja, das kenne ich.« »Aber auch die Overstolz schmecken mir.«, gab sich der Horst als erfahrener Fachmann zu erkennen. »Ja, Du hast es gut, Dein Vater raucht. Bei mir raucht niemand. Ich kann mir da nicht einfach eine Zigarette so einmal nehmen.«, bemerkte der kleine Albert bedauernd. »Das brauchst Du doch auch nicht. Hier im Schrank sind doch jede Menge Zigaretten.« »Ja schon, aber die sind doch zum Verkaufen, da kann ich ja nichts nehmen, und gleich ein ganzes Päckchen, so was kostet ja sechzig Pfennig, so viel habe ich nicht.« »Aber Du brauchst doch kein Geld. Du musst die doch nicht kaufen. Wenn Du ein Päckchen da nimmst, das merkt doch niemand.« »Aber das ist doch gestohlen!« »Nein, das ist es nicht. Die sind doch Euch. Da kannst Du doch eins nehmen. Und ich würde Dir zeigen, wie man raucht. Dann bist Du auch erwachsen und kein Kind mehr.«

Das Gespräch der beiden kreiste noch eine ganze Weile darum, ob das nun gestohlen sei oder nicht, ob das Rauchen für Kinder denn wirklich ungesund sein könnte oder doch nicht. Horst hatte auf all diese Fragen eine überzeugende Antwort. »Etwas, was Dir auch ein wenig gehört, kannst Du doch nicht stehlen. Was einem gehört, gehört einem. Das kann man ruhig nehmen.« Das leuchtete Albert ein. Da hatte der Horst recht. Und schließlich sagte der auch noch: »In Amerika raucht jedes Kind und denen macht das überhaupt nichts, im Gegenteil, die sollen in der Schule dadurch viel gescheiter sein.« Je länger das Gespräch dauerte, umso mehr ging das Saatkorn der Neugier in Albert auf und entwickelte sich zu einer großen schönen Sonnenblume, die gepflückt werden sollte. Und zwar heute, hier und jetzt. Die Gelegenheit war günstig.

Neben der Neugier kam noch etwas Weiteres hinzu. Der kleine Albert hatte in der Schule ein Auge auf ein Mädchen aus einer Klasse unter ihm geworfen. Die Gisela. Blond, blauäugig, ganz so, wie er sich eine große Liebe vorstellte. Wenn man so will, war er in sie verliebt. Das erste Mal, wo er solche Gefühle in sich verspürte. Mehrfach hatte er schon versucht ihr zu imponieren. Ohne Erfolg. Ganz offensichtlich nahm die Gisela ihn nicht wahr. Scheinbar existierte er für sie gar nicht. Und das tat ihm weh. Bis ins Mark. Wenn er bei einer passenden Gelegenheit, lässig, wie man das von der Werbung her kennt, mit einer Zigarette vor ihr stehen würde, dann müsste ihr das imponieren, dann könnte sie nicht an ihm vorbei, dann würde er alle anderen Verehrer, welche die Gisela zweifellos auf dem Schulhof hatte, ausstechen. Dann würde, dann müsste auch sie ihn lieben. So lässig wie in der Zigarettenwerbung würde er sein, so schlendern wie die dort würde er. Die Zigarette würde er in der rechten Hand halten, die linke in die Hosentasche vergraben. »Super sehe ich dann aus.«, dachte er sich. »Aber dazu müsste ich das Rauchen einmal probieren. Ich müsste spüren, wie man sich so als Erwachsener fühlt.«, dachte er weiter und fand die Logik dieser Gedanken bestechend. Jetzt war es nur noch ein kleiner Schritt, um den Schrank zu öffnen, um das kleine Päckchen Zigaretten zu nehmen. Die Frage war nur noch welche Marke? HB, Overstolz oder Peter Stuyvesant? »Peter Stuyvesant muss es sein.«, dachte sich Albert. »Den Duft der großen weiten Welt will ich verspüren und dem wird sich auch Gisela nicht entziehen können.«

Die böse Tat im Nacken rannten die beiden sofort die Kellertreppe hinauf und aus dem Haus heraus. Hätte sie hierbei jemand gesehen, so wäre jedem klar gewesen, dass mit denen etwas nicht stimmen konnte. Sie waren auf der Flucht. Aber wovor? Vor sich selbst, vor ihrem Gewissen, das nun in eine ganz andere Richtung argumentierte. »Du darfst nicht stehlen! Steht es nicht so in den zehn Geboten? Doch so steht es da, glasklar und eindeutig, und hat das der Herr Pfarrer nicht immer und immer wieder so gesagt? Doch das hat er.«, dreht es sich in Alberts Kopf. Dabei hat der Herr Pfarrer, als er ihnen im Religionsunterricht vor einigen Tagen die Leviten las, natürlich nicht im entferntesten an Zigaretten, sondern an die Kirschen, Äpfeln und Birnen in den Obstbäumen sowie das Gemüse auf den Feldern der Bauern gedacht, welches nun vom Frühling bis in den Herbst von vier Feldschützen rund um die Uhr bewacht wurden. Das war auch notwendig, damit diejenigen, denen die Bäume gehörten, oder diejenigen, die sich um die Saat und Pflege des Gemüses kümmerten, auch wirklich in den Genuss ihrer Arbeit kamen. Immer wieder, so heißt es, kommen ›Städter‹ mit kleinen Handwagen und stehlen das Obst von den Bäumen oder das Gemüse von den Äckern. »Ganze Körbe transportieren sie ab«, hatte der Müller Sepp noch letzte Woche behauptet und hinzugefügt, »und das geht nicht. Auf keinen Fall.« Zwar hatte der Herr Kardinal in Köln diese Form des Mundraubs noch vor einigen Jahren genehmigt, weil sonst die Menschen nicht genug zum Essen gehabt hätten, doch zum einen war das nun schon lange her und zum anderen sahen das bei weitem nicht alle so. »Faules Gesindel bereichert sich an unserer Arbeit. Wer arbeiten will, der bekommt heute Arbeit, und wer arbeitet, der hat Geld und kann sich Obst und Gemüse kaufen«, hörte der Albert öfters im Friseursalon. »Das ist daher Diebstahl und kein Mundraub oder ›Fringsen‹. Sich einfach so mir nichts, dir nichts etwas nehmen, das ist Raub und diejenigen, die so etwas machen, gehören ins Gefängnis.«

Und dann waren da auch noch die Schüler und Jugendlichen, die sie sich auf die Bäume hockten und die süßesten Früchte mit Genuss verspeisten und stibitzten. Dagegen wettert der Herr Pfarrer mit dem Hinweis auf die zehn Gebote und er lobt ausdrücklich den Feldschütz Schmidt, der auf seinem Fahrrad unablässig durch die Gemarkung radelt und die dreisten Diebe aus der Stadt, für die der Herr Pfarrer etwas Verständnis zeigt, zur Polizei bringt, und jeden einheimischen ›Saukerl‹, den er erwischt, an den Ohren zieht, wobei er nicht wirklich viele erwischt. Viel zu schnell sind die Burschen und ohne Chancen ist der Herr Feldschütz, wenn die »dreisten Flegel« über das offene Feld den nächsten Hang hinauf flüchten. Wie soll er da mit seinem Fahrrad auch nachkommen? Vielen Jugendlichen ging es mittlerweile weniger um die Früchte, sondern mehr um die Gaudi, wenn ihnen der Herr Feldschütz nachjagte. Es war ihnen ein lustiges Katz- und Maus-Spiel, von dem in geselliger Runde in immer wilderen Versionen berichtet wurde.

»Du sollst nicht stehlen!«, hämmerte es in Alberts Kopf. Und jetzt hatte er gestohlen. »Ich habe gestohlen«, marterte er sich immer wieder. »Nicht der Horst. Ich habe die Zigaretten aus unserem Schrank gestohlen und das hätte ich nicht gedurft. Auf keinen Fall. Meinen Vater habe ich bestohlen, und das ist das Schlimmste, was man überhaupt tun kann.« Die wilde Flucht, in die der Horst und er verfallen waren, hinderte ihn an weiteren Gedanken. Er musste aufpassen, dass er nicht über seine Beine stolperte. Automatisch liefen die beiden zum Bach, bogen links ab in Richtung der Fuchsenlöcher, den Ort, wo man hier hingeht, wenn man alleine und ungestört, unbeobachtet sein will. Die Fuchsenlöcher waren ihr wilder Westen. Der Ort, wo sie Cowboy und Indianer spielten. Unten fließt der Bach. Rechts sind große Wiesen, die nach einiger Entfernung sanft ansteigen, links geht ein steiler mit Gebüsch verwilderter Hang hinauf. In diesem Hang sind Löcher von Füchsen, woher auch der Name stammt. Hier ist so etwas, was man später einmal einen Abenteuerspielplatz nennen würde. Nur in einer Größe und einer Unbelassenheit, wie man es sich dann nicht mehr wird vorstellen können. Mit belegten Broten von der Tante Marie wohl versorgt, ziehen sie hier nachmittags nach den Schularbeiten her und toben sich aus. Horst hat schon so manches Werkzeug aus der Werkstatt seines Opas mitgebracht, etwa damit das Baumhaus ihrer Bande nun endlich an Statur gewann.

Als sie außer Reich- und Sichtweite des Dorfs waren, verlangsamte sich ihr Schritt. Atemlos ließen sie sich nach einer Weile ins tiefe Gras fallen, um Luft zu holen. »So und jetzt her mit den Zigaretten.«, sagte der Horst, indem er aufstand und mit einem Rundum-Blick nochmals die Lage sondierte, um sicherzugehen, dass auch tatsächlich niemand sie sehen konnte. »Ja, aber wir nehmen nur eine zusammen. So können wir uns den Rest für später aufsparen.« »Ja.« Horst hatte sein Sturmfeuerzeug mitgebracht und zündete sich die erste Zigarette an. Tief zog er dran und blies den Rauch hinaus. Albert machte es ihm nach. Es blieb nicht bei der einen. Drei Stück rauchten sie zusammen. Sie rauchten auch nicht nur so, sondern sie stolzierten, wie sie es in der Werbung gesehen hatte und so wie es Albert vor der Gisela zelebrieren wollte. Sie probierten Lungenzüge und verschluckten sich furchtbar, so dass sie lange husten mussten. Beide waren sich sicher: Das ist das wahre Leben. So muss es sein. »Jetzt sind wir erwachsen.«, bestätigten sie sich gegenseitig und gingen mit stolzgeschwellter Brust nach Hause. Vorher hatten sie noch in einem morschen

Baum, den sie schon mehrfach als Versteck von wertvollen Gegenständen genutzt hatten, das angebrochene Päckchen Peter Stuyvesant, abgelegt und sich gegenseitig per Ehrenwort versichert, dass sie nur gemeinsam die restlichen Zigaretten rauchen würden.

Am Morgen des folgenden Tages stand der große Albert schon früh auf, um wie jeden Tag für das Frühstück zu sorgen. Jeden Tag machte er eine große Kanne frischen Kaffee. Dünn war der, aber es war Kaffee, echter Kaffee. Das war in jener Zeit ein Luxus, den sich die Baumanns leisteten. Danach radelte er zum Bäcker Friedel, wo er direkt durch den Hof in die Backstube ging, wo in einem großen Korb für die frühen Kunden die Brötchen bereit lagen, warm noch und herrlich duftend. Auch das war ein Luxus. Beim kleinen Albert war das Fieber gesunken. Die Wadenwickel, die noch in der Nacht gemacht wurden, wirkten. Jedoch war das Fieber gottlob noch nicht so weit unten, dass die Gefahr bestanden hätte, Albert hätte zur Schule gehen müssen. Also machten es sich die Mutter und der kleine Albert noch einen Moment im großen Bett gemütlich. Sie kuschelten. »Sag mal, Du wolltest doch gestern Nacht noch etwas von Horst und Dir erzählen.« »Ich?« »Ja, Du, unbedingt wolltest Du doch was sagen.« »Ich kann mich nicht mehr erinnern, wahrscheinlich war das auch geträumt.« Albert hielt es für ratsam, so wie die Dinge nun liefen, die Krankheit weder schmerzte noch schlimm zu verlaufen schien, er nicht in der Hölle war, sondern ganz offensichtlich sein guter Schutzengel noch fest und unverrückbar an seiner Seite stand und sich zwischen ihm und der Gisela glänzende Aussichten anbahnten, die gute Stimmung nicht durch völlig unnötige Reue und gute Vorsätze zu belasten. »Ich kann es ja dem Herrn Pfarrer beichten und dann ist es erledigt.«, dachte er bei sich und schickte dem so Gedachten einen mentalen Vorbehalt hinter »aber erst, wenn das ganz Päckchen aufgebracht ist. Hoffentlich findet niemand unser Versteck.« »Ja, vielleicht hast Du geträumt. Na, dann ist es ja gut.« »Ja, so ist es.«, unterstrich der kleine Albert und schmiegte sich noch enger an die Mutter.

Nach dem Frühstück wurde der kleine Albert auf das Sofa in der Küche gebettet. Jeder hatte ein gutes und mitleidvolles Wort für ihn, auch wenn man ihm weder die Krankheit wirklich ansah noch anmerkte. »Er hat Fieber.«, sagte die Tante Marie, die ihn nun umsorgte, deshalb vorsorglich jedem. Und der Opa hat der Tante Marie Geld gegeben, damit sie dem kleinen Albert im Laden von Willy Hochheimer ein Spielzeug und in der Bäckerei ein gutes Stück Kuchen kaufen kann, denn schließlich »muss der Bub ja zu Kraft kommen«, wie er bemerkte und dem Albert zuzwinkerte. »So lässt es sich aushalten.«, dachte sich der kleine Albert. »Tante Marie, hast Du gesehen, wie der Horst zur Schule gegangen ist. Ist der denn nicht vorbeigekommen, um mich abzuholen?« »Nein, heute war er nicht da, gesehen habe ich ihn auch nicht. Keine Ahnung, was mit dem ist.« Diese Nachricht beunruhigte nun den kleinen Albert etwas. Das war ungewöhnlich. »Warum ist der nicht vorbeigekommen?«.

Im Friseursalon lief das übliche Morgenprogramm. Bei den Herren wurde auf das Rasieren gewartet. Als der Feldschütz Schmitz kam, platzte er sofort heraus. »Also gestern musste ich vielleicht lachen. Ich lag auf der Lauer und habe mich in den Hochsitz verkrochen, hinten in den Fuchsenlöchern, und was meint ihr, wenn ich da beobachtet habe?« »Keine Ahnung?«, antwortete der große Albert und die Drumherumsitzenden hofften auf den Beginn einer amourösen Geschichte, hoffentlich einer Beobachtung zweier Liebender, vielleicht zweier heimlich liebender und womöglich zweier freizügig Liebender. Sie wurden enttäuscht und man konnte diese Enttäuschung ihren Gesichtern ablesen. »Den kleinen Albert sah ich mit drüben dem Horst, dem Sohn von unserm Bürgermeister.« »Ja und?« »Geraucht haben die. Und wie die heimlich getan haben und wie die da mit der Zigarette in der Hand rumstolziert sind.« »Was Du nicht sagst«, war der große Albert verblüfft. »Geraucht? Das kann ich mir nicht vorstellen.« »Doch, wenn ich es Dir doch sage. Halb totgelacht habe ich mich da auf meinem Hochsitz, als ich die beobachtet habe. In einem hohlen Baum haben sie dann die Schachtel mit den restlichen Zigaretten versteckt. Hier ist sie.« Und dabei griff er in seine Hosentasche und hielt die Beute in die Höhe. »Ich habe sie geholt. Peter Stuyvesant, keine schlechte Marke.« »Und in die Hose geschissen haben die nicht?«, hakte der Pejoph nach. »Nein, jedenfalls nicht so lange, wie ich das Geschehen unter Kontrolle hatte.« Die Runde begann zu lachen und sie tauschte ihre Erfahrungen mit »Zum-ersten-Mal«-Erlebnissen aus, wobei es nicht nur beim Rauchen blieb.

Kurz danach kam der Hausarzt. Der Leo. Er steckte den Kopf in den Herrensalon »Albert, wo ist der Patient? Ich habe nicht lange Zeit, heute ist viel los. Komme gerade drüben vom Schmücker Horst. Mumps. Wahrscheinlich hat das Deiner auch.« »Aha, warte einmal«, und der große Albert ging mit dem Leo vor die Tür. »Hör mal, der Albert und der Horst, die haben gestern geraucht. Der Schmitz hat sie dabei beobachtet. In den Fuchsenlöchern waren sie und dachten, sie seien unbeobachtet.« »Na warte, dem werde ich das Rauchen abgewöhnen.«, nahm sich der Leo vor und ging in die Küche. »Guten Tag, Albert«, sagte der Leo, als er eintrat und der kleine Albert sich aufreckte. »Guten Tag, Onkel Leo.« »Na, wo fehlt es Dir denn?« »Ja, ich weiß auch nicht. Fieber habe ich gestern bekommen.« »Na lass einmal schauen.« Der Leo tastete oben am Hals, dann am Bauch. »So, jetzt huste einmal.« Dann holte er sein Stethoskop hervor »Jetzt atme einmal, halte die Luft an, jetzt langsam weiter atmen. Na, das sieht ja gar nicht so gut aus. Da ist einiges auf der Lunge.« Der kleine Albert wurde immer ungemütlicher. »So, jetzt mache einmal den Mund weit auf!« Dann holte der Leo ein Holzstäbchen und hielt es in den Mund des kleinen Albert, »sag mal A!« »Ahhhh«, dann drückte er mit dem Holzstäbchen die Zunge herunter und stocherte weit im Rachen herum, so dass sich der kleine Albert fast übergeben musste, »nochmal A« »Ahhhh«. »Ja, das ist klar, was das ist und woher das kommt.« Und jetzt schaute der Leo erst die Umstehenden an, die Mama, die Tante Marie und den großen Albert, dann schaute er dem kleinen Albert ganz tief in die Augen und sagte im strengen Ton »Das ist alles ganz klar, es gibt keinen Zweifel: Du hast geraucht. Und jetzt haben wir den Salat.« Beim kleinen Albert brachen nun alle Dämme, die Tränen flossen ihm übers Gesicht. »Ja, der Horst war auch dabei, ich wollte ja gar nicht, aber dann haben wir es gemacht, ich mach es nie wieder.« Und er heulte, was das Zeug hielt. »Ach so, wenn Du gerade vom Horst sprichst, Dein Freund, nicht wahr? Beim dem war ich auch gerade. Der ist auch krank, der hat auch Mumps und auch, weil er geraucht hat.

Vom herzzerreißenden Weinen des kleinen Alberts angezogen, kamen nun auch einige Friseusen, zunächst erschrocken und entgeistert. Als man ihnen aber den groben Rahmen der Geschichte zugeflüstert hatte, begannen sie zu grinsen und die eine oder andere konnte sich eines Kommentars nicht enthalten. »Ja, so ist das halt, wenn kleine Jungen rauchen.« »Ach, der Horst hat das auch. Naja, kein Wunder, der hat ja auch geraucht.« »Ich muss Dir aber noch eine Spritze geben.«, sagte der Leo. Dies war für den kleinen Albert der letzte Beweis dafür, dass etwas ganz Schlimmes in ihn hineingefahren sein muss, denn eine Spritze bekommt man nur, wenn man sehr krank ist. Unfähig, auch nur irgendein Widerwort zu geben, ließ er sich die Hose des Schlafanzuges herunterziehen und der Leo gab ihm die Spritze in den Hintern. »So, das wird jetzt wieder. Noch zwei Tage musst Du liegen bleiben. Und nach einer Woche kannst du wieder in die Schule. Morgen komme ich wieder vorbei, um nach Dir zu schauen. Aber erst musst Du mir noch versprechen, dass Du nie mehr rauchen wirst.« »Ja, das verspreche ich.«, gab der kleine Albert reuig zur Antwort.

Auf einmal stand der alte Albert in der Runde. »Na, habt Ihr nichts Besseres zu tun? Jetzt ist es gut. Verschwindet, lasst uns allein.«, raunzte er die Umstehenden an. »Kehrt vor Eurer Haustür und lasst den Bub in Ruhe. Und Du«, zum Leo gewandt, »Du musst so etwas sagen, wo Du die dicksten Zigarren vor Dich hin paffst. Von all dem anderen ganz schweigen.« Alle gingen. Der alte und der kleine Albert blieben allein zurück. Der kleine schluchzte noch immer und der alte strich ihm über den Kopf. »Komm, schon gut. Ist doch nicht so schlimm.« »Aber Opa, ich habe die Zigaretten unten aus dem Schrank genommen.« »Ja, wo sollst Du denn auch sonst die Zigaretten her haben? Egal.« »Ich werde alles beichten.« »Ja, ist schon gut, wenn nicht, kommst Du trotzdem in den Himmel.« »Sicher nicht in die Hölle?« »Nein, auf keinen Fall, da kannst Du Dich auf mich berufen. Komm, lass uns Mühle spielen. Er stand auf, holte das Mühlebrett, legte es auf einen Schemel vor das Sofa und gab dem kleinen Albert die weißen Steine. »Also beginn und lass uns nicht mehr über das blöde Rauchen reden. Vorbei und vergessen ist das.« Und so war es auch. Es wurde nicht mehr über den Vorfall gesprochen.

Der kleine Albert griff nie mehr zu einer Zigarette. Sein ganzes Leben lang. Der Duft der großen weiten Welt umwehte ihn nie. Ob es wohl daran lag, dass es mit der Gisela nie etwas wurde?

Die Mühlespieler

»Moment, was machen Sie denn da?« »Aber Herr Baumann«, und es folgt ein tiefes Seufzen »Sie haben mich und meine Mitarbeiter bestellt, damit wir hier entrümpeln. Ich entrümpele ganz so, wie Sie es gesagt haben. Ich bin nicht hier, um zu sammeln. Entrümpeln soll ich, den alten Kram wegwerfen. Was sonst?«, antwortet der große, blonde, kräftige Mitarbeiter des Umzugsunternehmens, nun leicht entnervt, nachdem er schon mehrfach, quasi in letzter Minute daran gehindert wurde, etwas in seinen Augen völlig Unnützes und Wertloses zu entsorgen. »Ja, aber doch nicht das!« »Herr Baumann, woher soll ich das wissen? Wir können nicht jedes alte Stück drei Mal umdrehen und überlegen, was wir damit machen, dann werden wir überhaupt nicht fertig.« »Da haben Sie recht. Aber dieses Mühlespiel kann nicht fort. Geben Sie es mir. Dann lasse ich Sie in Ruhe und Sie können weitermachen.« »Das wäre schön. Ja, das ist gut. Oh, hier sind auch noch die Steine. Wollen Sie die auch behalten?« »Ja, klar.« »Wollen Sie nicht vielleicht hinausgehen, raus aus dem Friseursalon und draußen warten, gehen Sie in ein Gasthaus und wir rufen Sie. Das wäre das Einfachste. Für Sie und uns.« »Nein, ich gehe hier auf die Seite und werde Sie nicht mehr stören.«

Der kleine Albert, mittlerweile erwachsen geworden, nimmt das Mühlespiel, setzt sich auf den Aushilfsplatz neben dem großen grünen Frisierstuhl, dort, wo er vor vielen Jahren so oft mit seinem Opa gesessen hatte, und betrachtet das alte Brett zum Mühlespielen, mit dem er und der alte Albert so oft miteinander gespielt haben. Er stellt es vor sich auf das Waschbecken, legt die weißen Steine auf die linke und die schwarzen Steine auf die rechte Seite.

»Komm, lass uns Mühle spielen.« sagt der alte Albert. »Oh ja Opa.« Er nimmt einen weißen Stein in die eine und einen schwarzen Stein in die andere Hand. Dann legt er beide Hände auf den Rücken, wechselt die Steine einige Male zwischen den Händen hin und her, um beide Hände dann zur Faust zu formen und nach vorne die Arme über Kreuz zu legen. Der alte Albert tippt auf die rechte Hand und hat auf den weißen Stein getippt. »Ach Opa, schon wieder hast Du Weiß. Dann ist es viel einfacher!« »Also gut, dann nimm Du den weißen Stein.« »Oh ja. Danke.« Voller Elan und Eifer legt der kleine Albert die Steine. »Mühle zu«, sagt auf einmal unvermittelt der Alte. »Puh, da habe ich nicht aufgepasst. Macht nichts, ich kriege Dich doch.« »Na, schauen wir mal.« Und wieder legt der Kleine voll Freude und Lust den nächsten Stein. Der Alte setzt erneut auf einen Eckplatz und wieder unvermittelt: »Mühle zu«. »Pah. Opa. Können wir neu anfangen?« »Nein, man kann nicht immer neu anfangen. Lass uns weiterspielen. Weißt Du, was man angefangen hat, das muss man auch zu Ende führen. Normalerweise jedenfalls. Komm, halte durch.«

Als alle Steine gesetzt sind, versucht der kleine Albert sich eine Mühle aufzubauen. Dort, wo er eine kurzfristige Möglichkeit sieht, zieht er einen der noch verbliebenen weißen Steine mal nach rechts, dann wieder nach oben oder unten und nach links. Und immer, wenn der Kleine zieht, setzt der Alte nach. Ohne darauf aus zu sein, die Steine des Kleinen zu dezimieren, versucht der Alte ihm Zug um Zug die Bewegungsfreiheit zu rauben. Nach einer Weile: »Und jetzt? Was hast Du wieder gemacht, Opa, ich kann nicht mehr ziehen.« »Wirklich? Lass uns einmal schauen. Ja, wirklich.« »Also Opa«, und dann reicht der kleine Albert, so wie sie es zu einem Ritual zwischen Besiegten und Sieger entwickelt haben, die Hand, »Herzlichen Glückwünsch, lieber Opa, zu Deinem Sieg!« »Danke! Aber Du hast auch gut gespielt.« Manchmal würde der kleine Albert am liebsten diese Geste des Glückwunschs verweigern, zu sehr ärgert ihn seine Niederlage. Aber dann schaut er einfach den Opa nicht an, so wie jetzt. »Nochmal bitte und schaue mich an, schließlich will ich meinen Sieg ja auch genießen«, legt der Alte nach und heizt damit das Temperament des kleinen Albert nur noch an. »Nein!« »Doch« »Also gut« »Herzlichen

Glückwunsch zu Deinem Sieg.« »Vielen Dank.« »Wollen wir nochmal spielen, Du kannst auch wieder Weiß nehmen.« »Opa, wie machst Du das eigentlich, mich so festzusetzen?«

»Schau, Du kannst eigentlich auf zwei Arten Mühle spielen. Die eine Art ist so, wie Du das machst. Du spielst aus Lust und Laune, voller Freude, so, wie ich das ja auch oft mache. Dabei versuchst Du einfach dem anderen möglichst viele Steine wegzunehmen. Dabei ist es wichtig, auch immer den anderen Spieler im Auge zu behalten und nicht nur auf Deine eigenen Steine zu schauen. Das ist immer wichtig. Man muss immer die anderen beobachten und schauen, was die machen. Schau, wie der andere Spieler setzt, und überlege Dir, ob der nicht gerade dabei ist, eine Mühle zu setzen. Vielleicht nicht mit diesem oder dem nächsten Zug, vielleicht bereitet er nur eine gute Gelegenheit vor, um dann im übernächsten Zug die Mühle zuzumachen. Wenn der andere einmal alle seine Steine gesetzt hat und dann vielleicht auch noch so, dass es ihm möglich ist, eine Mühle zu bauen, ohne dass Du eingreifen kannst, dann ist der natürlich im Vorteil. Du musst ihn vorher stören, ihn vorher erwischen und ihm dazwischenfahren. Sonst nimmt er Dir die Steine. Wenn Du die weißen Steine hast, dann bist Du natürlich im Vorteil, weil Du dann beginnst, Du bist in der Vorhand, Du kannst dem anderen Dein Spiel aufzwingen. Dazu musst Du aber wissen, was Du willst, wie Du vorgehen willst. Die andere Art ist es, den Gegenspieler festzusetzen. Diese Art eignet sich dann gut, wenn Du die schwarzen Steine hast. Dann setzt Du immer so, dass der andere nur einen kleinen Bewegungsraum hat, den Du dann während des Spiels immer kleiner machst. Egal, wie Du spielst, achte immer auf den anderen und halte Dich an Deine Strategie, also entweder Steine nehmen oder festsetzen. Ändere nicht während des Spiels die Strategie, das bringt nichts.« »Aber Opa, mir macht es mehr Spaß, einfach Deine Steine zu klauen. Einfach so zu spielen. Komm, wir spielen noch einmal. Jetzt gewinne ich.« »Tja, wahrscheinlich hast Du recht. Immer nach den anderen schauen, eine Strategie auswählen, um sich dann an sie zu klammern und nicht loszulassen. Ja, das ist vermutlich alles Quatsch. Spiel einfach so, wie es Dir passt. Das ist das Beste, mache es so, wie Du Freude hast.«

Oft spielten der kleine und der alte Albert gegeneinander und der kleine begann, je länger je mehr, an den Erfolg einer Strategie zu glauben. Einmal fand er in der Zeitung eine kleine Anleitung zum »Mühlespielen mit Strategie.« Dort wurde das Spiel in drei Phasen unterteilt. In den Aufbau des Spieles, das Eröffnungsspiel, also das optimale Setzen der Steine, um so eine gute Ausgangsposition aufzubauen, dann das Steineschieben, auch Mittelspiel genannt. Will man den Gegner blockieren, also so in die Enge treiben, dass er nicht mehr kann, dann hört das Spiel hier auf. Diese Variante verzichtet auf den dritten Spielteil, das Endspiel, wo also ein Spieler nur noch drei Steine hat und somit springen kann. Das Endspiel ist von besonderer Dramatik oder, man kann auch sagen, Freude bestimmt, weil dann der scheinbar Unterlegene außerordentliche Möglichkeiten erhält und somit noch lange nicht geschlagen ist. Nicht selten kann der mit den springenden Steinen sein Gegenüber so dezimieren, dass beide springen können, was in der Regel mit einem Remis enden dürfte. Wie gesagt, beim Blockieren entfällt diese Phase. Viele Mühlespieler betrachten die Strategie, welche zum Festsetzen des Gegners führt, auch als eine destruktive Strategie. Was natürlich deren Anhänger vehement abstreiten und diese Variante als die intellektuell anspruchsvollere bezeichnen.

Weiter las der kleine Albert, dass es in der Eröffnungsphase nicht so wichtig ist, eine Mühle zu bilden, sondern dass es da von Vorteil ist, die Kreuzungspunkte des Mühlebretts zu besetzen, um so die Bewegungsfreiheit der eigenen Steine zu erhöhen. Darüber hinaus ist es besser, immer, wenn man eine Mühle zumacht, um dem Gegner einen Stein zu nehmen, eine weitere Mühle offen zu haben. Er lernte etwas über den Vorteil von Zentrumsmühlen und er merkte sich Möglichkeiten, welche, selbst dann, wenn eine Niederlage zu drohen scheint, noch zu einem Remis gelangen konnten. Von Zeit zu Zeit nahm sich der kleine Albert das Brett und die Steine, um für sich selbst zu üben. Er setzte dann die weißen und schwarzen Steine selbst, spielte gegen sich sozusagen, dabei setzte er jeweils vorgedachte Züge, um eine Strategie zu erlernen, sich die Muster zu merken, um sie dann später leichter umsetzen zu können. »Wenn man die richtige Strategie genau umsetzt, dann ist man im Vorteil, dann gewinnt man«, ist er immer mehr überzeugt. Das lustvolle Spiel und die Freude daran hat er längst vergessen. Er will gewinnen, das ist seine Freude, seine kurze Freude, und dazu hilft eine Strategie. Eine Strategie, die vorher gut bedacht sein will und die im Verlauf des Spiels, also bis zum Gewinn der Partie natürlich nicht geändert werden kann. Selbstverständlich ist dabei der Gegner im Auge zu behalten. Der muss von Anfang an so unter Druck gesetzt werden, dass er nicht zu seinem Spiel kommt. Der darf nur reagieren und selbst nicht agieren. »Agieren muss ich, nicht der andere«, wird je länger je häufiger seine Maxime, »Der andere darf nicht zum Luftholen kommen. Und wenn ich ihn hetze und jage, dann macht er Fehler.«

Der einzige Albert Baumann, der noch am Leben ist, nimmt das Brett auf und hält es in seinen Händen. »Man meint, man könnte den Opa und die Luft des alten Friseursalons, so wie er früher war, bevor er vor fünfundzwanzig Jahren vermietet wurde, riechen.« Er selbst ist kein Friseur geworden. Er hat die Tradition gebrochen. Deswegen wurde der Salon vermietet. An ein fremdes Ehepaar. Über eine Anzeige in einer Friseurzeitung wurde es gefunden. Der damals große Albert zog sich mit seiner Elsbeth in ein neuerbautes Haus zurück. Rasch danach, wo sie es eigentlich ruhiger und, wie viele meinten, »schöner« hätten haben können, sind sie verstorben. Der alte Albert verstarb schon viele Jahre zuvor. Vor einiger Zeit lief der Mietvertrag aus. Auch das Mieterpaar ist in die Jahre gekommen und will sich zur Ruhe setzen. Albert hat das Haus verkauft. Der neue Besitzer ist kein Friseur, ist ein Bauunternehmer. Deshalb wird das Haus leergeräumt und alle Utensilien aus dem Friseursalon müssen raus. Auf den Müll.

»Die Eltern haben nie Mühle gespielt«, geht ihm durch den Kopf, »nur ich und der Opa.« Beide haben sich zum Spielen keine Zeit genommen. Sie würden sagen »Wir hatten keine Zeit.« und hätten damit gemeint, dass Spielen eigentlich reine Zeitverschwendung ist. »Na klar, das Geschäft musste aufgebaut werden, und dass ich ohne finanzielle Sorgen habe studieren können, hatte ja auch damit zu tun, dass sie sich keine Zeit für das Spielen genommen haben. Aber wie gerne hätte ich auch mit ihnen gespielt. Nicht nur Mühle. So, einfach so. Aber da war keine Zeit. Immer stand der Friseursalon, das Geschäft im Vordergrund. Kein Urlaub, keine freie Zeit, kein Spielen. ›Müßiggang ist aller Laster Anfang‹ war ein geflügeltes Wort der Mutter. Undenkbar, dass sie mit mir gespielt hätte. Ja, ein neues Brett hätte sie mir gekauft, neue Steine auch und auch ein anderes Spiel. Aber mit mir gespielt? Nein. Ich habe gar nicht gefragt. Dass Vater und Mutter miteinander gespielt hätten, Mühle gespielt hätten? Undenkbar. Ja, ob die überhaupt miteinander gespielt haben, sich Zeit für Muße genommen haben? Nein, jedenfalls kann ich es mir nicht vorstellen, nicht wirklich, aber immer war ich natürlich nicht dabei. Wird schon etwas gewesen sein, muss ja etwas gewesen sein.

Aber wie hätten sie denn gespielt, welche Strategie hätten sie gewählt, wenn sie einmal gespielt hätten? Vermutlich hätte die Mutter aus lauter Angst gar nicht spielen wollen. Sie hatte Angst. Sie hatte Angst vor einem Spiel und Angst nach einem Spiel, weil das ja wieder vor einem Spiel gewesen war. Sie sprach oft von ihrer Angst. Einmal erzählte sie von der Angst gegen Ende des Kriegs. Sie und ihre drei Schwestern, damals so Mitte zwanzig, wurden vom anderen Opa des kleinen Albert, als die Amerikaner einrückten, unter dem Heu in der Scheune, wo schon lange vorher ein spezielles Lager eingerichtet wurde, tagelang versteckt. Von der Ostfront hatte man

Schlimmes gehört und am Radio wurde immer vor einem Zusammenbruch der Front und den schlimmen Folgen gewarnt. ›Was hatten wir Angst, als wir da lagen, stundenlang, mucksmäuschenstill, nicht bewegt haben wir uns. Und was hatten wir später für eine Angst, als ich die Milch zur Sammelstelle fahren musste und mir die Schwarzen hinterhergerufen haben.‹

Wenn der kleine Albert einmal zu spät nach Hause kam, war sie voller Sorge. Auch wenn er zu früh nach Hause kam, war sie beunruhigt, warum er denn so früh da war, hatte er Streit, etwa mit Kindern, deren Eltern Kunden im Geschäft waren. ›Das darfst Du nicht machen, sonst kommen die nicht.‹ Und hatte sie einmal Grund zur Freude, etwa weil das Geschäft so gut läuft, so war das auch nicht angebracht, ›denn man kann nie wissen, was danach kommt‹ oder Hochmut kommt vor dem Fall‹. Und vor dem Gewitter hatte sie Angst,« denkt er bei sich. Das Gesicht der Mutter vor sich sehend.

Der Albert hatte auch Angst vor dem Gewitter. Und auch er hat Angst, wenn der Vater oder die Mutter einmal zu spät nach Hause kommt, und auch er hat Sorgen, dass das Geschäft einmal nicht so gut weiterlaufen könnte. »Nur vor dem Gewitter habe ich keine Angst mehr, sonst ist alles gleich wie bei ihr. Ganz so, könnte man meinen, wie ich eigentlich nicht habe werden wollen.« »Ist was, Herr Baumann?« fragt der Umzugsmitarbeiter. »Nein, es sind nur die Erinnerungen mit all dem Kram hier.«

»Der Vater hätte vermutlich offen und mit Spaß gespielt. Er hätte versucht die Steine des anderen zu kassieren und vermutlich hätte es ihm nichts ausgemacht zu verlieren. ›Es ist ja nur ein Spiel‹. Er war eigentlich ein lockerer Typ. Aber hat er nicht in seiner Welt gelebt? In seinem Herrensalon, in seinem Fußballverein? Er für sich? Möglicherweise. Ich weiß es nicht. Es gab keine Zeit zu reden. Damals nicht im Herrensalon, und nachher war es zu spät. Aber vermutlich hätte er die Spaß-Strategie gewählt.

Und ich, was für eine Strategie, was für eine Strategie habe ich bisher gespielt oder, besser gesagt, welche spiele ich? Die des überlegten Setzens der Steine, eine Strategie des Blockierens, das nüchtern geplante Festsetzen des anderen. Den Versuch, das Schicksal festzusetzen, das Spiel des Schicksals im Sinne der Stoa durch überlegtes Handeln zu beherrschen und in der Hand zu behalten, nichts aus der Hand gebend? Der Versuch, der Angst, den Sorgen vor dem Morgen, dem Unerwarteten durch eine Strategie des Wenn-so-dann-so und Wenn-anders-dann-halt-eben-anders entgegenzutreten? Immer mit Bewusstem und Geplantem des anderen, des Anders-Seienden Herr zu werden? Und – war diese Strategie erfolgreich? Das kommt auf den Maßstab an. Einmal hat jemand gesagt, »Na Albert, sei einmal zufrieden, so schlecht hast Du das doch alles gar nicht gemeistert. Das sieht doch alles bestens aus, was Du da geschaffen hast.« Aber es wäre auch alles gar nicht anders gegangen. Ich bin halt, wie ich bin. Und um mich wirklich zu ändern, dazu hatte ich keine Chance. Trotz allen Bemühens.

Hat mir diese Strategie des nüchtern Denkenden aber auch Spaß gemacht? Wohin hat sie mich geführt und was hat sie aus mir gemacht? Ich denke, ich habe diese Strategie so perfekt beherrscht, dass ich nicht nur die Gegenspieler, sondern langsam, aber sicher mich selbst blockiert habe. Ich meine damit im Inneren, im Hinblick auf den Spaß am Spiel. Also – was soll ich machen, so weiterspielen wie bisher? Ganz aufhören mit dem Spielen?

Nein, das Ganz-Aufhören, das wäre die ultima ratio. Keine gute Lösung. Aber wie hat der Opa gesagt: ›Das mit den Strategien ist alles Quatsch. Spiel einfach so, wie es Dir passt. Das ist das Beste, mache es so, dass Du Freude hast.‹ Ich denke, ein Versuch ist das wert, jetzt wo eigentlich nichts mehr gewonnen werden muss. Nichts, außer dem Leben.«

»Herr Baumann, wir sind fertig.« »Tja, dann war es das. Hier nehmen Sie noch das Mühlespiel. Das kann weg.« »Moment Papa, was ist das, warum soll das weg?«, rufen wie aus einem Mund Anna und der nun kleine Albert, Tochter und Sohn des jetzt großen Alberts. »Das ist ein Mühlespiel. Das habe ich immer mit meinem Opa gespielt.« »Das wollen wir auch spielen«, ruft Anna ganz begeistert. »Wie spielt man das denn?«, fragt der kleine Albert. »Also Mühle kann man nach zwei Arten spielen«, und da macht der nun große Albert eine Pause. »Also wie Papa? Nach welchen zwei Arten?« »Ach Unsinn. Mühle spielt man so, wie es einem Spaß macht. Kommt her, ich erkläre es Euch.«